まちを地図《ちず》にして

3年《ねん》1組《くみ》の
みんなと先生《せんせい》

田《た》んぼにはたくさんの水《みず》が必要《ひつよう》です。田《た》んぼのまん中《なか》を川《かわ》が流《なが》れて、ため池《いけ》もあります。また山《やま》にそってあるのは畑《はたけ》です。ビニールハウスではどんな作物《さくもつ》がつくられているのでしょう。

山《やま》
遊園地《ゆうえんち》
ため池《いけ》
水田《すいでん》
ため池《いけ》
用水路《ようすいろ》
トンネル
山《やま》
畑《はたけ》
老人《ろうじん》ホーム
果樹園《かじゅえん》
ビニールハウス
ビニールハウス
高速道路《こうそくどうろ》
町役場《まちやくば》
バス停《てい》
ショッピングモール
バス停《てい》
郵便局《ゆうびんきょく》
畑《はたけ》
農協《のうきょう》
バス停《てい》
川《かわ》
バイパス
魚協《ぎょきょう》
神社《じんじゃ》
魚市場《うおいちば》
砂浜《すなはま》
漁港《ぎょこう》
太陽光《たいようこう》パネル

地図《ちず》には、いろいろな記号《きごう》が使《つか》われているんだね。

まちのようすと地《ち》図《ず》を見《み》くらべてみよう。

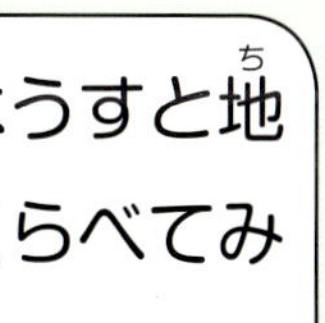

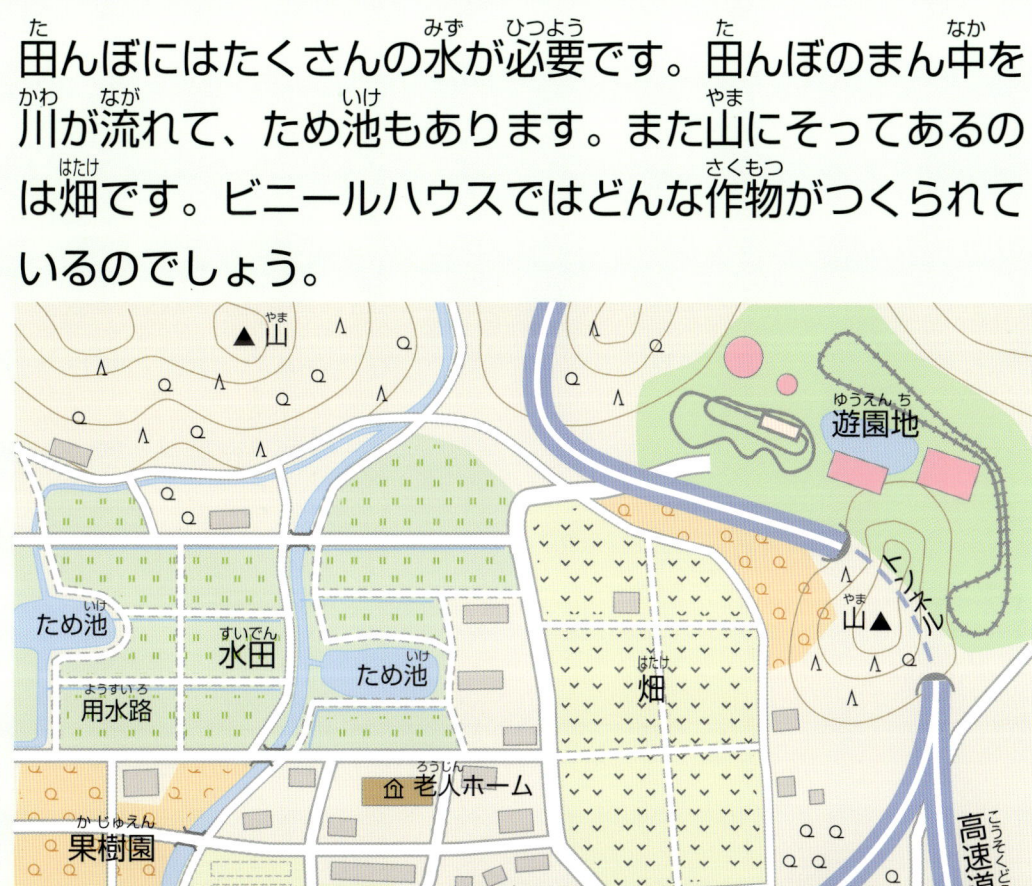

わくわく！自分《じぶん》で地図《ちず》をつくっちゃおう

もくじ

学校《がっこう》の屋上《おくじょう》へあがって まわりを見《み》てみよう！

もっとわかりやすくするには地図《ちず》にするといいね。地図《ちず》には、いろいろなきまりごとがあるんだよ！
学校《がっこう》のまわりはどうなっているのかな？
屋上《おくじょう》からまちを見《み》ると、なにがわかる？
見《み》えるけしきを絵《え》にしてみよう。
3年《ねん》1組《くみ》のみんなと先生《せんせい》

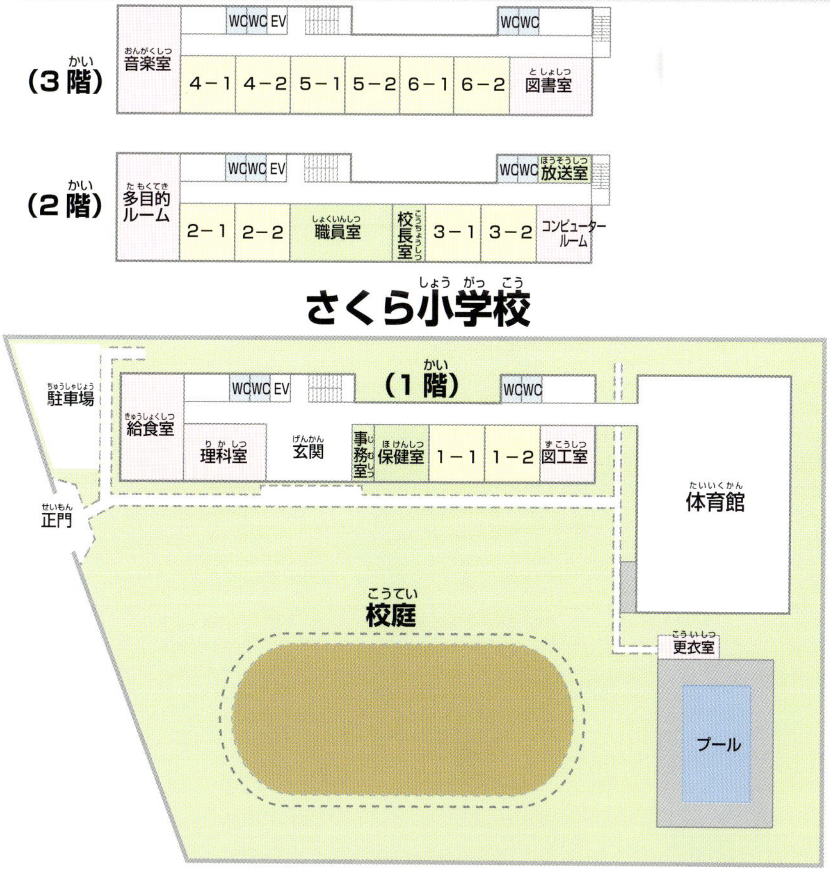

（3階《かい》）
音楽室《おんがくしつ》
WC
WC
EV
WC
WC
4－1
4－2
5－1
5－2
6－1
6－2
図書室《としょしつ》
（2階《かい》）
多目的《たもくてき》ルーム
WC
WC
EV
WC
WC
放送室《ほうそうしつ》
2－1
2－2
職員室《しょくいんしつ》
校長室《こうちょうしつ》
3－1
3－2
コンピュータールーム
さくら小学校《しょうがっこう》
（1階《かい》）
駐車場《ちゅうしゃじょう》
給食室《きゅうしょくしつ》
WC
WC
EV
WC
WC
理科室《りかしつ》
玄関《げんかん》
事務室《じむしつ》
保健室《ほけんしつ》
1－1
1－2
図工室《ずこうしつ》
正門《せいもん》
体育館《たいいくかん》
校庭《こうてい》
更衣室《こういしつ》
プール

ここは、3年《ねん》1組《くみ》のみんなが通《かよ》う松波市立《まつなみしりつ》さくら小学校《しょうがっこう》です。3階建《がいだ》てで、学校《がっこう》の中《なか》はこのようになっています。こうした学校《がっこう》の案内図《あんないず》も、地図《ちず》のいっしゅです。

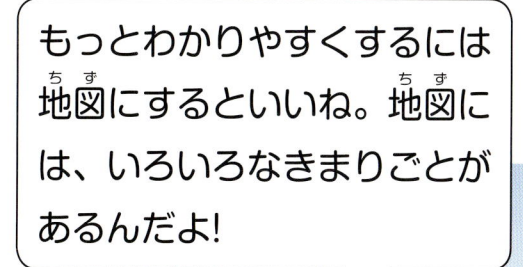

1 屋上《おくじょう》からまちをながめてみよう

東西南北《とうざいなんぼく》をかんさつする

３年《ねん》１組《くみ》のみんなは学校《がっこう》の屋上《おくじょう》にあがり、自分《じぶん》たちの住《す》む松波市《まつなみし》をかんさつしてみました。それぞれの方向《ほうこう》に何《なに》が見《み》えるのでしょうか。

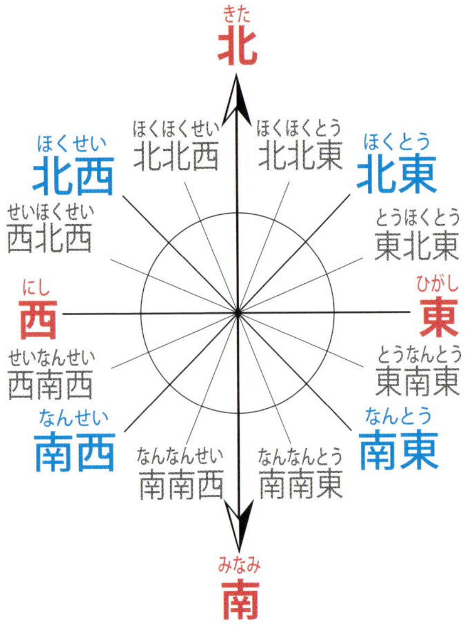

北《きた》
北西《ほくせい》
北北西《ほくほくせい》
北北東《ほくほくとう》
北東《ほくとう》
西北西《せいほくせい》
東北東《とうほくとう》
西《にし》
東《ひがし》
西南西《せいなんせい》
東南東《とうなんとう》
南西《なんせい》
南南西《なんなんせい》
南南東《なんなんとう》
南東《なんとう》
南《みなみ》

北《きた》
北
西
東
南

方位《ほうい》を東西南北《とうざいなんぼく》の４つで表《あらわ》すことを四方位《よんほうい》とよびます。上《うえ》の図《ず》のようにもっと細《こま》かく分《わ》けて、八方位《はちほうい》、十六方位《じゅうろくほうい》で表《あらわ》すこともあります。

方位《ほうい》をはかるときには、磁《じ》石《しゃく》を使《つか》います。磁石《じしゃく》の針《はり》の赤《あか》い方《ほう》がしめしているのが、北《きた》なんだよ。

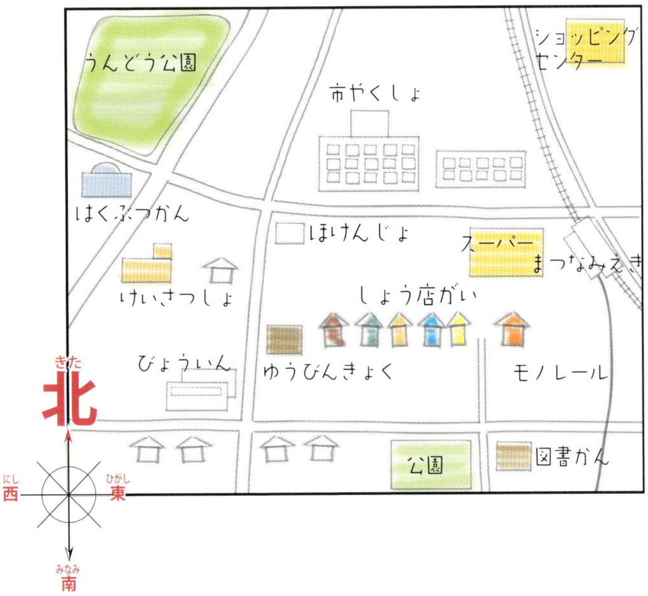

うんどう公園
市やくしょ
ショッピングセンター
はくぶつかん
ほけんじょ
スーパー
まつなみえき
けいさつしょ
しょう店がい
びょういん
ゆうびんきょく
モノレール
公園
図書かん
北《きた》
西《にし》
東《ひがし》
南《みなみ》

北《きた》の方向《ほうこう》

学校《がっこう》の北《きた》には、市役所《しやくしょ》があります。市役所《しやくしょ》から東《ひがし》に進《すす》むと、松波駅《まつなみえき》です。まわりには、商業《しょうぎょう》しせつが集《あつ》まっています。いっぽう、市役所《しやくしょ》から西《にし》の方向《ほうこう》には、博物館《はくぶつかん》などの公共《こうきょう》しせつが集《あつ》まっています。

南《みなみ》の方向《ほうこう》

学校《がっこう》の南側《みなみがわ》には川《かわ》があって、橋《はし》を渡《わた》った向《む》こう側《がわ》には団地《だんち》や新《あたら》しい住《じゅう》宅地《たくち》が広《ひろ》がっています。ニュータウンと呼《よ》ばれる地《ち》いきです。こじんのお店《みせ》は少《すく》なく、スーパーなどの大《おお》きなお店《みせ》が目立《めだ》っています。

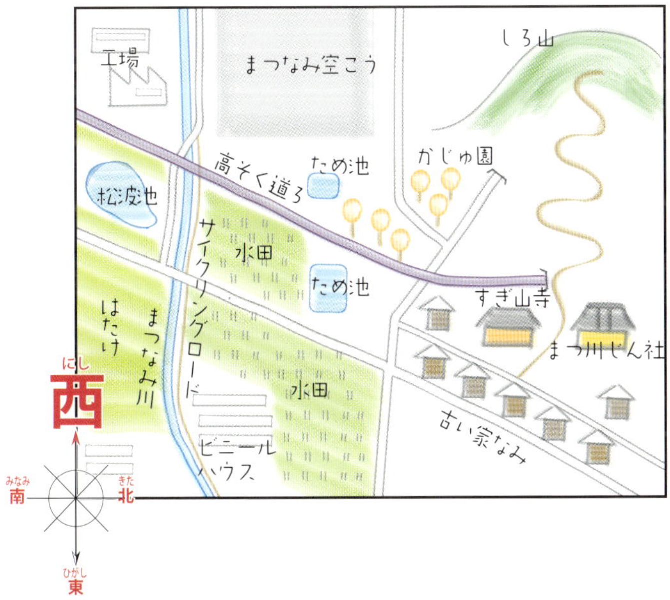

西《にし》の方向《ほうこう》

学校《がっこう》の西側《にしがわ》には、田畑《たはた》が広《ひろ》がっています。そしてそのまわりには、古《ふる》くからの民家《みんか》がたくさんあって、入《い》りくんだせまい道《みち》が残《のこ》されています。高速道路《こうそくどうろ》の向《む》こう側《がわ》には、ほとんど家《いえ》がありません。

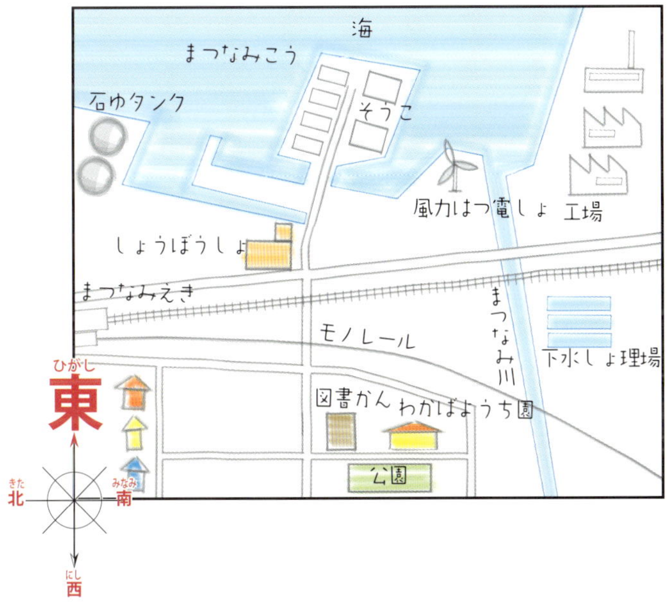

東《ひがし》の方向《ほうこう》

学校《がっこう》の東側《ひがしがわ》には海《うみ》があります。松波港《まつなみこう》には大《おお》きな船《ふね》が出入《でい》りします。工場《こうじょう》やそうこ、石油《せきゆ》タンクがたっている場所《ばしょ》はうめ立《た》てによってできました。むかしは鉄道《てつどう》のすぐとなりまで海《うみ》になっていました。

地図《ちず》と見《み》くらべてみよう

これは松波市《まつなみし》の地図《ちず》です。屋上《おくじょう》からながめただけでは見《み》えなかった建物《たてもの》や道《みち》が、地図《ちず》ではかかれています。今度《こんど》は、この地図《ちず》を持《も》ってまちに出《で》かけ、みんなの目《め》で見《み》た地図《ちず》をつくってみましょう。

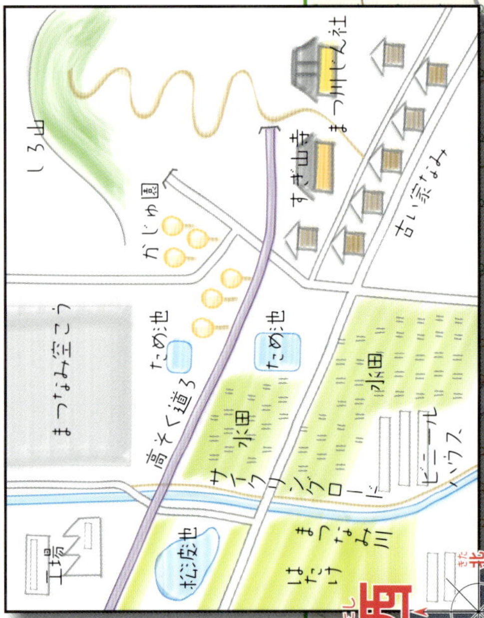

松波市《まつなみし》の地図《ちず》

北《きた》
西《にし》
東《ひがし》
南《みなみ》
うんどう公園
市やくしょ
ショッピングセンター
はくぶつかん
ほけんじょ
スーパー
まつなみえき
けいさつしょ
しょう店がい
びょういん
ゆうびんきょく
モノレール
公園
図書かん
石油《せきゆ》タンク
松波市役所《まつなみしやくしょ》
合同庁舎《ごうどうちょうしゃ》
コンビニエンスストア
ビジネスホテル
保健所《ほけんじょ》
駅前《えきまえ》スーパー
松波駅《まつなみえき》
駅前《えきまえ》バス停《てい》
商店街《しょうてんがい》
運河《うんが》
松波港《まつなみこう》
消防署《しょうぼうしょ》
モノレール
倉庫《そうこ》
図書館《としょかん》
公園《こうえん》
わかば幼稚園《ようちえん》
鉄道《てつどう》
浜街道《はまかいどう》
風力発電所《ふうりょくはつでんしょ》
松波川《まつなみかわ》
ニュータウン北《きた》
けやき台《だい》ニュータウン
工場《こうじょう》
しょうぼうしょ
石ゆタンク
まつなみこう
海
そうこ
風力はつ電しょ
工場
図書かん
わかばようち園
公園
モノレール
まつなみ川
下水しょり場
建物《たてもの》の大《おお》きさまで、きちんとしめされているよ！

2 はじめての地図《ちず》にちょうせん

絵地図《えちず》をかいてみよう

これが、私《わたし》のうちから学校《がっこう》までの地《ち》図《ず》です。前《まえ》の道《みち》を右《みぎ》に行《い》って、一回《いっかい》曲《ま》がって、さっちゃんのうちの前《まえ》をとおって学校《がっこう》のそばで右《みぎ》に曲《ま》がるの。
さくら小学校
さっちゃんのうち
私のうち
どこで曲《ま》がるのかな？この地《ち》図《ず》だと目印《めじるし》がないから、わからないなあ。

① 思《おも》い出《だ》しながら地図《ちず》をかく

自分《じぶん》の家《いえ》から学校《がっこう》までの絵地図《えちず》をかいてみましょう。毎日《まいにち》のように歩《ある》いている道《みち》なので、よく覚《おぼ》えているはずです。でも実《じっ》さいにかいてみると、思《おも》い出《だ》せない場所《ばしょ》があるかもしれません。また自分《じぶん》ではわかっているので、地図《ちず》にかき入《い》れるのをやめてしまったしせつなどはありませんか。ほかの人がその地図《ちず》をもって歩《ある》いたら、まよわずに学校《がっこう》まで行《い》けるでしょうか。

私のうち
小川
一本杉
野菜の直売所
信号
コンビニ
病院
郵便局
水田
水田
水田
水田
公園
バイパス
さくら小学校
これなら、はじめてでも行《い》けそうだね。

② 地図《ちず》を持《も》って実《じっ》さいに歩《ある》いてみる

家《いえ》から学校《がっこう》まで、自分《じぶん》でかいた地図《ちず》を持《も》って歩《ある》いてみましょう。こんなところに道《みち》があった、このお店《みせ》の場所《ばしょ》を地図《ちず》にまちがえてかいた、公園《こうえん》をかき忘《わす》れた、というようにいろいろとあやまりがわかってくるはずです。また目《め》印《じるし》になる建物《たてもの》をかいた方《ほう》がわかりやすくなることに気《き》づきました。いつも通《かよ》っている道《みち》でも、正確《せいかく》に、わかりやすい地図《ちず》にすることは、なかなかたいへんな作業《さぎょう》なのです。

本村《ほんむら》バス停《てい》
博物館《はくぶつかん》
古《ふる》い家並《いえなみ》
警察署《けいさつしょ》
私のうち
一本杉《いっぽんすぎ》
野菜の
直売所
コンビニエンス
©ストア
病院《びょういん》
郵便局《ゆうびんきょく》
バイパス
田《た》
公園《こうえん》
さくら小学校《しょうがっこう》

赤《あか》い文字《もじ》は、売《う》っている地図《ちず》にはのっていない目《め》印《じるし》だよ。それを入《い》れると、絵地図《えちず》はぐんとわかりやすくなるね。

白地図《はくちず》たんけんに出《で》かけよう

家《いえ》から学校《がっこう》までの地図《ちず》ができたら、こんどは白地図《はくちず》を用意《ようい》して、学校《がっこう》のまわりをたんけんしましょう。クラスのみんなで手分《てわ》けして、文字《もじ》や色《いろ》のない白地図《はくちず》をわたしたちが見《み》なれた地図《ちず》にへんしんさせるのです。建物《たてもの》とその名前《なまえ》を調《しら》べ、公園《こうえん》や道路《どうろ》をわかりやすく色分《いろわ》けする、などくふうしてみましょう。わかりやすい地図《ちず》とはどういう地図《ちず》なのでしょうか。

さくら小学校《しょうがっこう》の校区地図《こうくちず》
上《うえ》の地図《ちず》は、白地図《はくちず》だよ。文字《もじ》がかかれてないけど、みんなの小学校《しょうがっこう》がどこにあるかわかるかな？
たんけんして、場所《ばしょ》ごとに色分《いろわ》けしてみようよ！
文字《もじ》がないとむずかしいね。でも道路《どうろ》と建物《たてもの》のかたちが残《のこ》っているからわかったよ！

地図《ちず》①（3色《しょく》の地図《ちず》）

池《いけ》と川《がわ》

おもな道《みち》

公園《こうえん》や学校《がっこう》

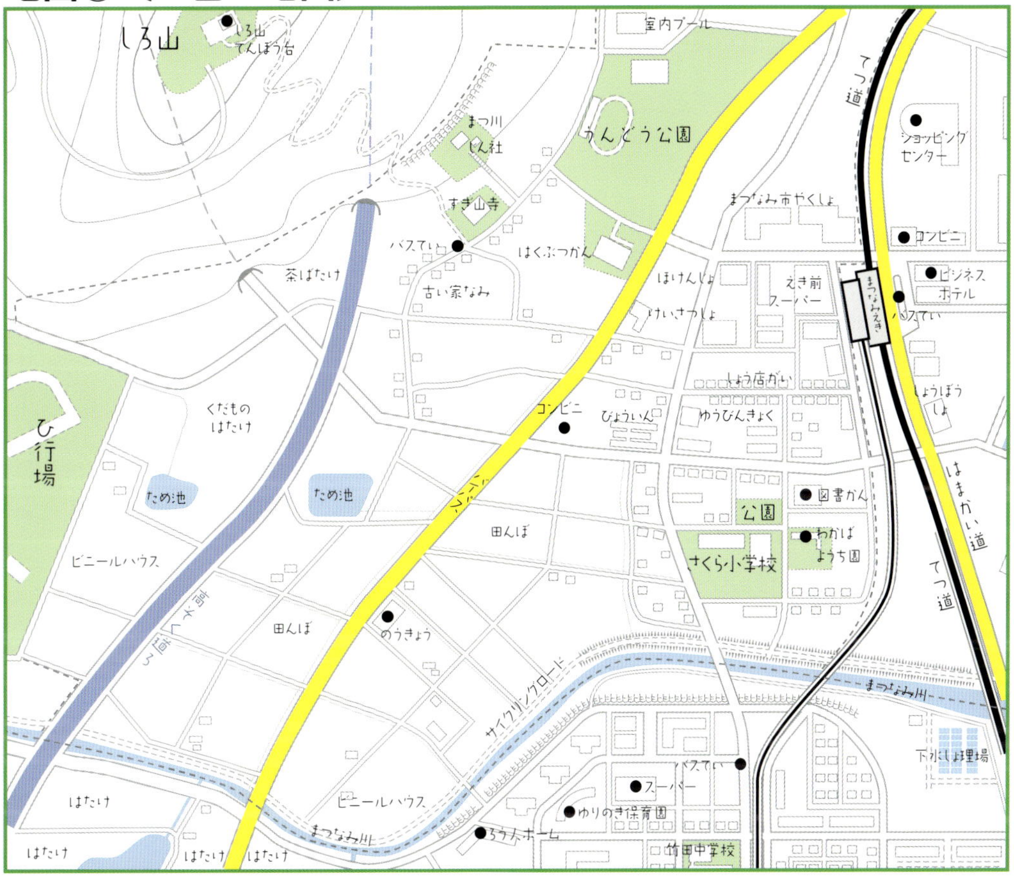

地図《ちず》②（7色《しょく》の地図《ちず》）

木《き》の多《おお》いところ

田《た》んぼの多《おお》いところ

はたけの多《おお》いところ

古《ふる》い家《いえ》なみ

公園《こうえん》や学校《がっこう》

よく行くめだつ建物《たてもの》

池《いけ》と川《がわ》

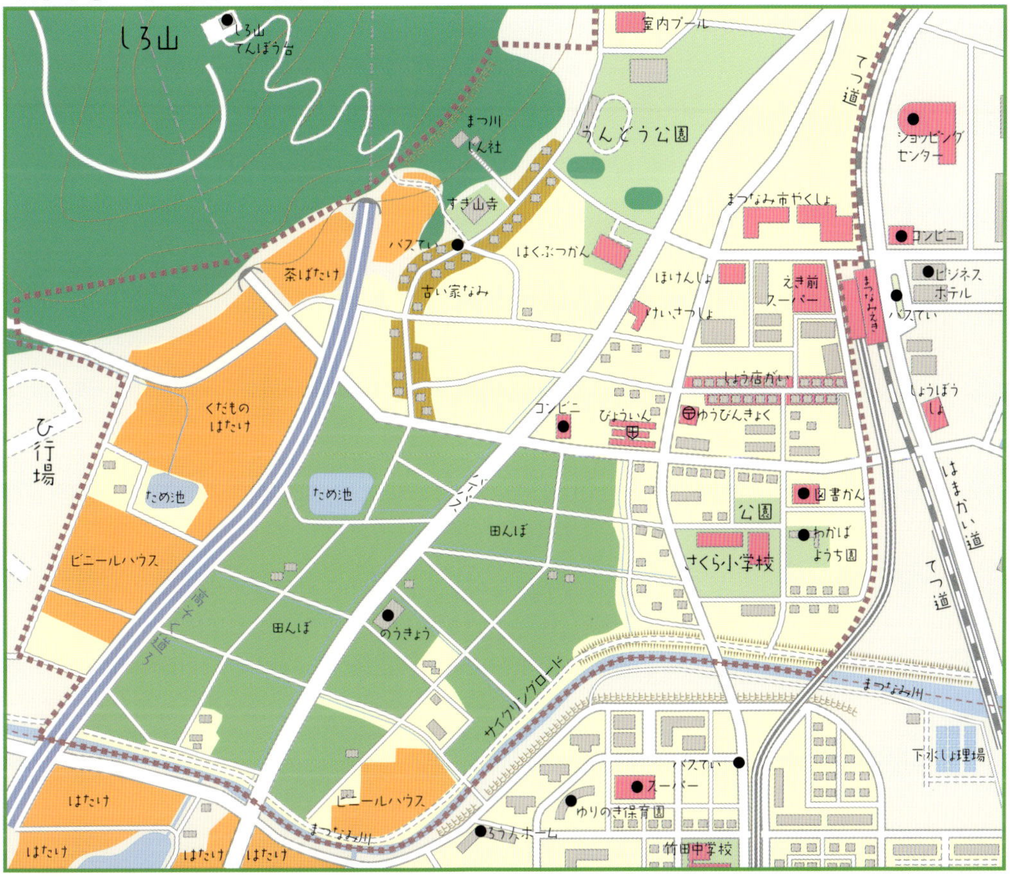

上《うえ》の**地図《ちず》①**では３つの色《いろ》を入《い》れてみました。そして下《した》の**地図《ちず》②**では７つに色《いろ》をふやしてみました。色《いろ》の多《おお》い地図《ちず》のほうが、見《み》やすくなりましたね。

べんりな地図記号《ちずきごう》（建物《たてもの》と土地《とち》利用《りよう》）

地図記号《ちずきごう》にはしせつを表《あらわ》す記号《きごう》、土地《とち》の利用《りよう》を表《あらわ》す記号《きごう》、そして鉄道《てつどう》や道《どう》路《ろ》、境界線《きょうかいせん》などを表《あらわ》す記号《きごう》があります。

市役所《しやくしょ》		山《やま》	
町村役場《ちょうそんやくば》		港《みなと》	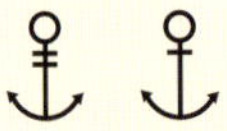
官公署《かんこうしょ》		漁港《ぎょこう》	
高等学校《こうとうがっこう》		工場《こうじょう》	
小《しょう》・中学校《ちゅうがっこう》		灯台《とうだい》	
警察署《けいさつしょ》		発電所《はつでんしょ》	
交番《こうばん》		電波塔《でんぱとう》	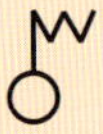
郵便局《ゆうびんきょく》		風力発電所《ふうりょくはつでんしょ》	
消防署《しょうぼうしょ》		田《た》	
保健所《ほけんじょ》		畑《はたけ》	
病院《びょういん》		茶畑《ちゃばたけ》	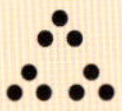
神社《じんじゃ》		史跡名勝《しせきめいしょう》 天然記念物《てんねんきねんぶつ》	
寺院《じいん》	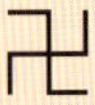	温泉《おんせん》	
博物館《はくぶつかん》		広葉樹《こうようじゅ》	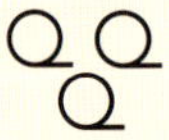
図書館《としょかん》		針葉樹《しんようじゅ》	
老人《ろうじん》ホーム			

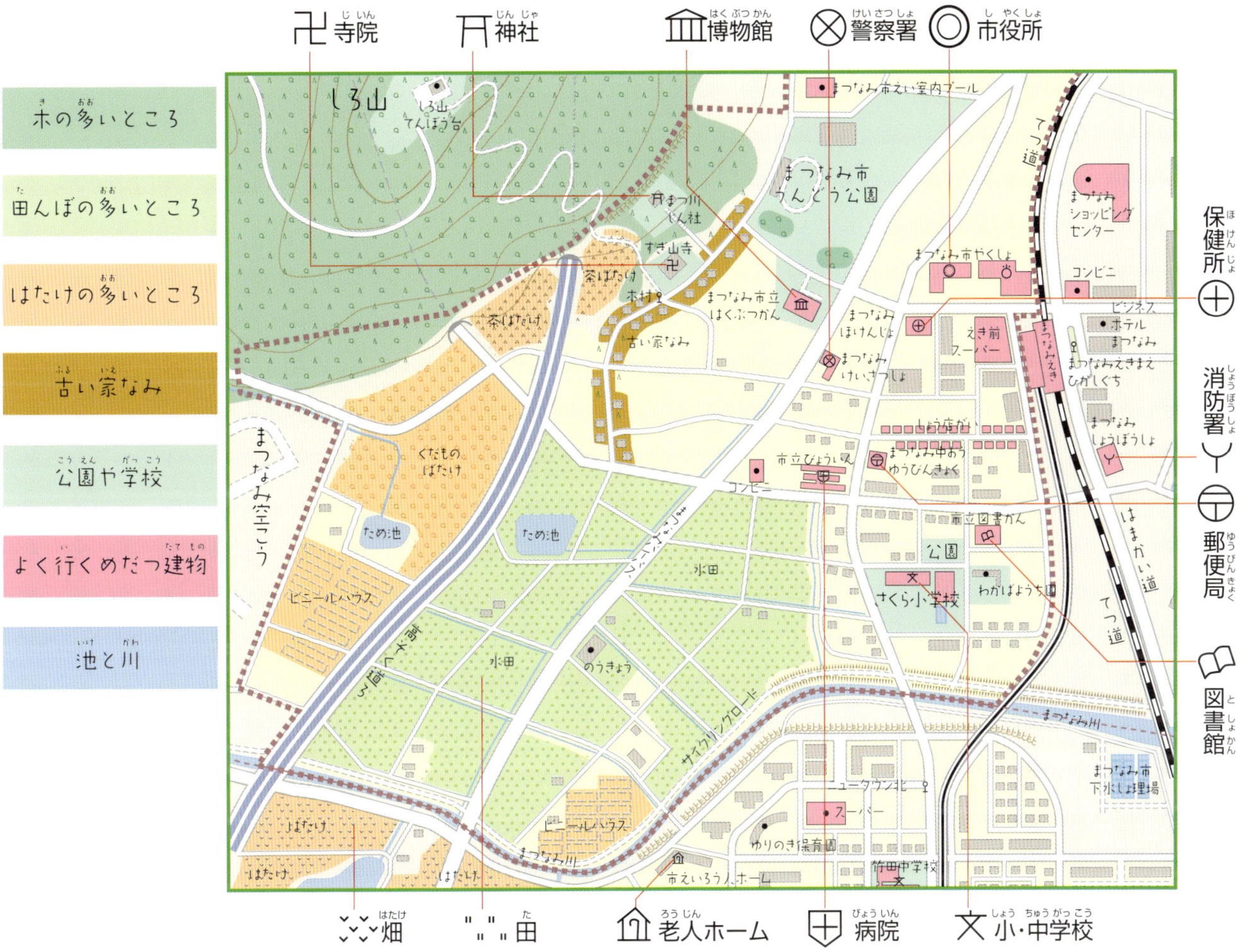

かぞくやみんながよく利用《りよう》する建物《たてもの》や、目印《めじるし》になる建物《たてもの》を地図上《ちずじょう》でわかりやすく知《し》らせるために、記号《きごう》がつくられています。上《うえ》の地図《ちず》のように、市役《しやく》所《しょ》や学校《がっこう》のほか、神社《じんじゃ》やお寺《てら》、病院《びょういん》などがわかりやすい記号《きごう》でしめされています。平成《へいせい》18年《ねん》には、博物館《はくぶつかん》（美術館《びじゅつかん》）、図書館《としょかん》、老人《ろうじん》ホーム、風力発電《ふうりょくはつでん》の記号《きごう》が新《あたら》しく追加《ついか》されました。

記号《きごう》でしめされていないしせつには、どんなものがあるでしょうか。地図《ちず》を見《み》ると、ショッピングセンター、ビジネスホテル、ようち園《えん》、保育園《ほいくえん》、室内《しつない》プール、のうきょうなどたくさんありますね。地図記号《ちずきごう》はしせつの特《とく》ちょうを表《あらわ》すなど、見《み》てすぐにわかるようにくふうされています。みんなも、これらのしせつの記号《きごう》を新《あたら》しく考《かんが》えてみましょう。

べんりな地図記号《ちずきごう》（鉄道《てつどう》や道路《どうろ》）

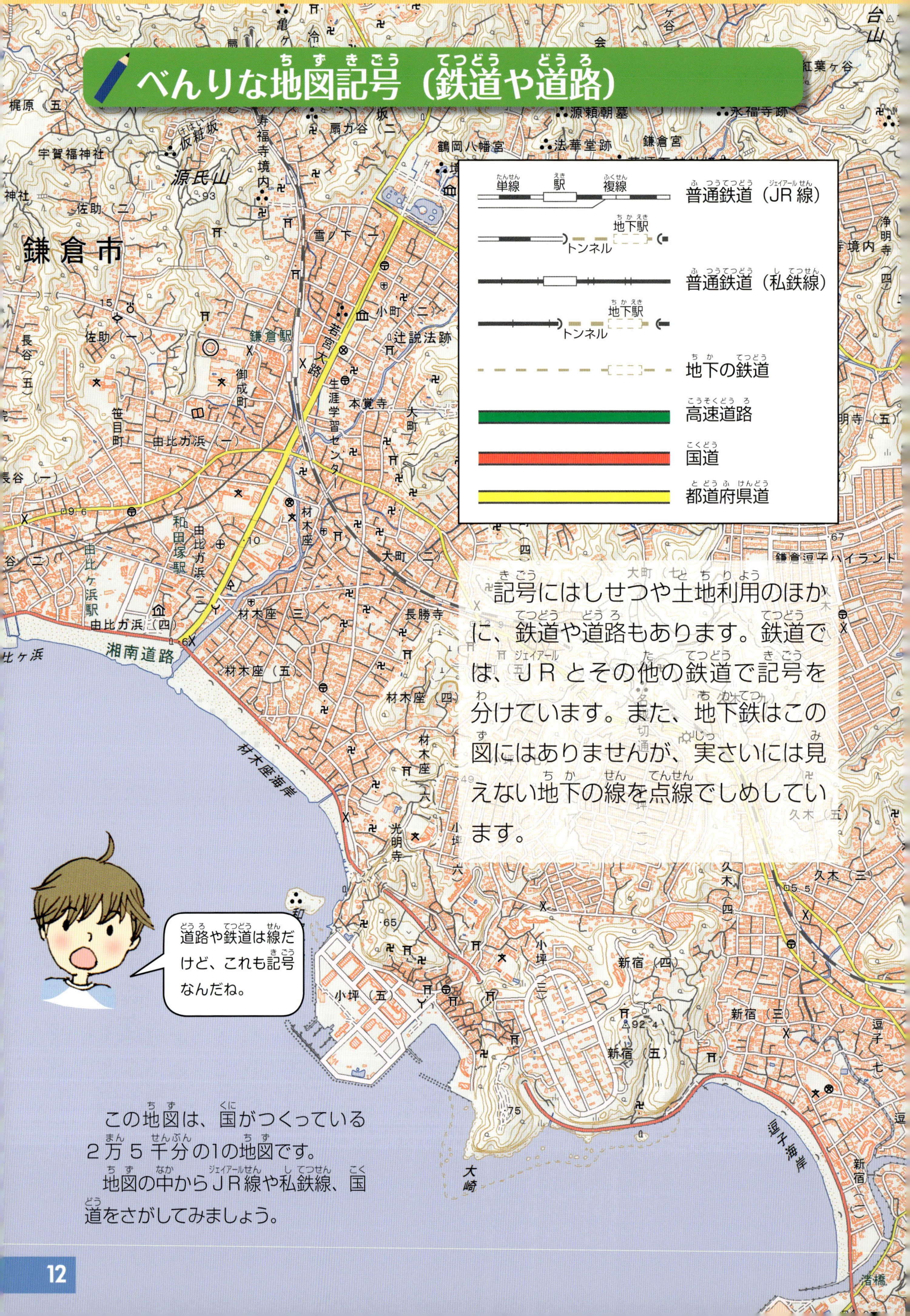

単線《たんせん》
駅《えき》
複線《ふくせん》
普通鉄道《ふつうてつどう》（JR線《ジェイアールせん》）
地下駅《ちかえき》
トンネル
普通鉄道《ふつうてつどう》（私鉄線《してつせん》）
地下駅《ちかえき》
トンネル
地下《ちか》の鉄道《てつどう》
高速道路《こうそくどうろ》
国道《こくどう》
都道府県道《とどうふけんどう》
鎌倉市
鎌倉駅
源氏山
湘南道路
材木座海岸
逗子海岸
大崎
道路《どうろ》や鉄道《てつどう》は線《せん》だけど、これも記号《きごう》なんだね。

記号《きごう》にはしせつや土地利用《とちりよう》のほかに、鉄道《てつどう》や道路《どうろ》もあります。鉄道《てつどう》では、ＪＲ《ジェイアール》とその他《た》の鉄道《てつどう》で記号《きごう》を分《わ》けています。また、地下鉄《ちかてつ》はこの図《ず》にはありませんが、実《じっ》さいには見《み》えない地下《ちか》の線《せん》を点線《てんせん》でしめしています。

この地図《ちず》は、国《くに》がつくっている2万《まん》5千分《せんぶん》の1の地図《ちず》です。
地図《ちず》の中《なか》からＪＲ線《ジェイアールせん》や私鉄線《してつせん》、国《こく》道《どう》をさがしてみましょう。

べんりな地図記号《ちずきごう》（境界線《きょうかいせん》）

ここまでは、しせつを表《あらわ》す地図記号《ちずきごう》、田《た》んぼや畑《はたけ》など土地利用《とちりよう》を表《あらわ》す地図《ちず》記号《きごう》、鉄道《てつどう》や道路《どうろ》を表《あらわ》す地図記号《ちずきごう》をしょうかいしました。

地図《ちず》には他《ほか》にも、まだまだ、べんりな地図記号《ちずきごう》があります。

○○県《けん》 A 市《し》
○○府《ふ》 B 町《まち》
東京都《とうきょうと》 C 区《く》（区《く》の中《なか》で、東京都《とうきょうと》にある 23 区《く》は、市町村《しちょうそん》に近《ちか》いものです）
北海道《ほっかいどう》 D 村《むら》

などのように、住所《じゅうしょ》を表《あらわ》す○○や ABCD の地名《ちめい》が、どのあたりなのかを表《あらわ》す線《せん》もそのひとつです。

みんなの住《す》んでいるまちは何《なん》とよばれているでしょうか。A 市《し》？ B 町《まち》？ C 区《く》？ D 村《むら》？ この A、B、C、D のはんいを表《あらわ》す線《せん》が、市区町村界《しくちょうそんかい》という境界線《きょうかいせん》です。また、住《す》んでいる都道府県《とどうふけん》はどこですか？ そのはんいを表《あらわ》す線《せん》が、都道府県界《とどうふけんかい》という境界線《きょうかいせん》になります。

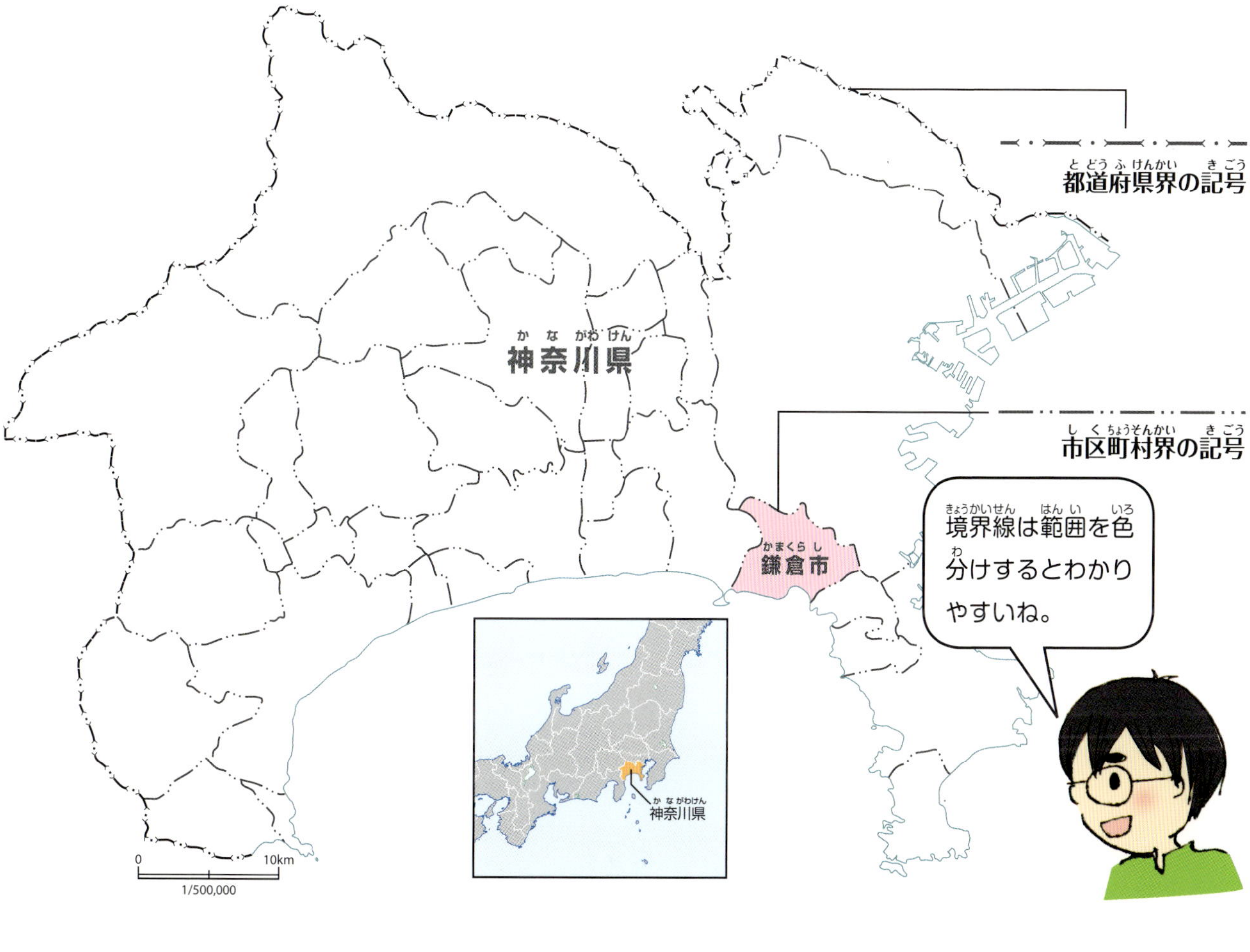

都道府県界《とどうふけんかい》の記号《きごう》
神奈川県《かながわけん》
市区町村界《しくちょうそんかい》の記号《きごう》
鎌倉市《かまくらし》
境界線《きょうかいせん》は範囲《はんい》を色《いろ》分《わ》けするとわかりやすいね。
神奈川県《かながわけん》
0
10km
1/500,000

3 地図《ちず》の高《たか》さと縮尺《しゅくしゃく》

地図《ちず》から高《たか》さを知《し》ろう

紙《かみ》に印刷《いんさつ》された地図《ちず》は、平《たい》らです。でも実《じっ》さいの地形《ちけい》はでこぼこしています。紙《かみ》の地図《ちず》では山《やま》や谷《たに》、坂道《さかみち》などを表《あらわ》すことができないのです。そこで地《ち》図《ず》には、高《たか》さを表《あらわ》すために等高線《とうこうせん》という線《せん》がかかれています。これは海水面《かいすいめん》からはかって、同《おな》じ高《たか》さを曲線《きょくせん》で結《むす》んだ線《せん》のことで、そうした地図《ちず》を平面図《へいめんず》とよびます（①）。2万《まん》5千分《せんぶん》の1地形図《ちけいず》では、10メートルごとに線《せん》が引《ひ》かれて、100メートルの高《たか》さは10本目《ぼんめ》の線《せん》の位置《いち》になります。

等高線《とうこうせん》をもとにつくったのが、15ページ中央《ちゅうおう》の断面図《だんめんず》です（②）。平面《へいめん》図《ず》に引《ひ》かれている赤《あか》い直線《ちょくせん》の部分《ぶぶん》を切《き》って、横《よこ》から見《み》た図《ず》になります。山《やま》の形《かたち》がよくわかります。鳥《ちょう》かん図《ず》は、等高線《とうこうせん》をもとにして立体的《りったいてき》に見《み》えるよう、ななめからみた地図《ちず》です（③）。

平面図《へいめんず》の等高線《とうこうせん》では、線《せん》と線《せん》の間《あいだ》がせまいところはしゃ面《めん》が急《きゅう》で、線《せん》と線《せん》の間《あいだ》が広《ひろ》がっているところはゆるやかになっています。また線《せん》が低《ひく》い方《ほう》へ向《む》かって出《で》ているところは**尾根**《おね》になっていて、高《たか》い方《ほう》へくいこんでいるところは、**谷**《たに》になっています。

現在《げんざい》は高《たか》さをでこぼこで表現《ひょうげん》した地図《ちず》もあります。

① 平面図《へいめんず》

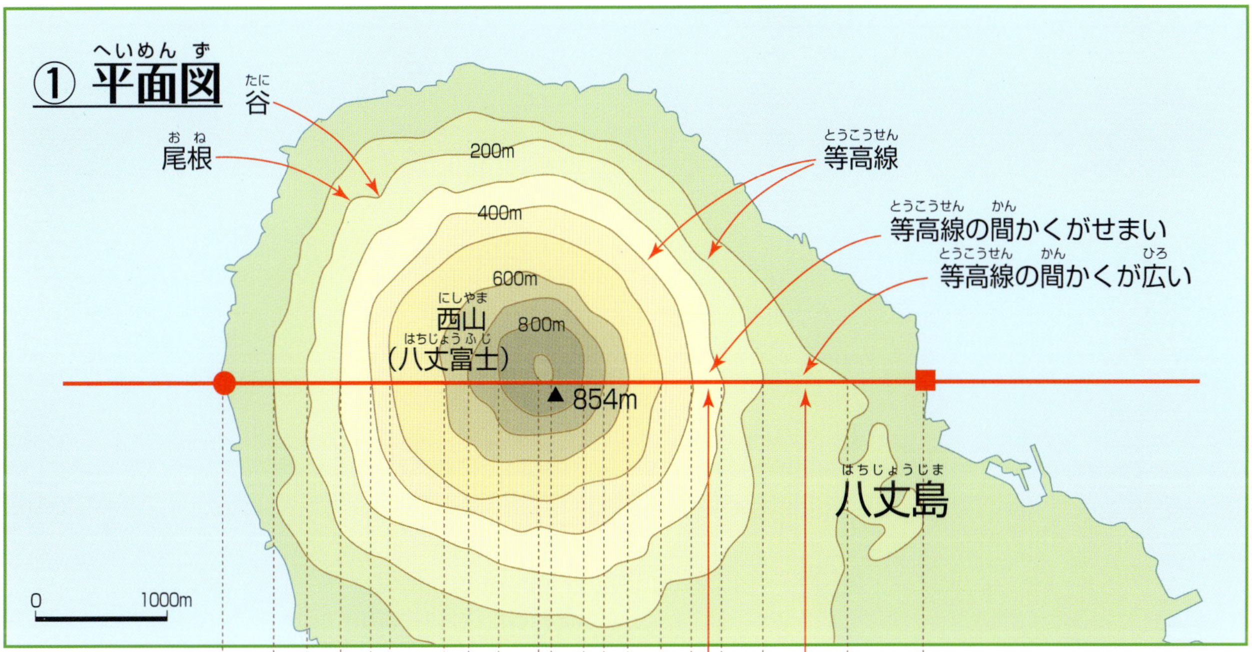

谷《たに》
尾根《おね》
200m
400m
600m
800m
等高線《とうこうせん》
等高線《とうこうせん》の間《かん》かくがせまい
等高線《とうこうせん》の間《かん》かくが広《ひろ》い
西山《にしやま》
（八丈富士《はちじょうふじ》）
▲854m
八丈島《はちじょうじま》
0
1000m

② 断面図《だんめんず》

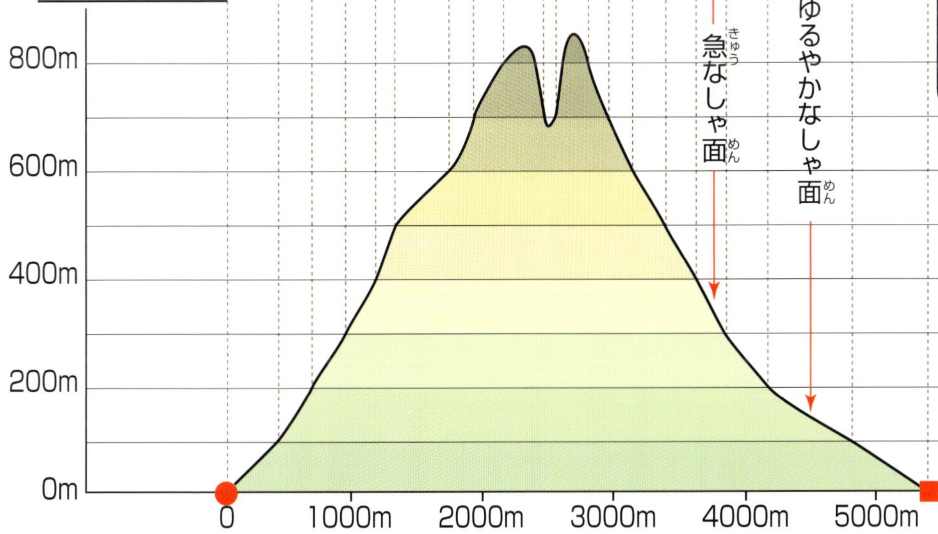

800m
600m
400m
200m
0m
0
1000m
2000m
3000m
4000m
5000m
6000m
急《きゅう》なしゃ面《めん》
ゆるやかなしゃ面《めん》

横《よこ》から見《み》た図《ず》がそうぞうできると、実《じっ》さいの山《やま》のかたちが見《み》えてくるね。

空《そら》をとぶ鳥《とり》から見《み》ているようにえがかれた図《ず》のことを、鳥《ちょう》かん図《ず》っていうんだよ。

③ 鳥《ちょう》かん図《ず》

西山《にしやま》（八丈富士《はちじょうふじ》）
八丈小島《はちじょうこじま》
八丈町《はちじょうまち》
八丈島《はちじょうじま》
八丈島空港《はちじょうじまくうこう》
八丈町《はちじょうまち》
東山《とうせん》
富士箱根伊豆国立公園《ふじはこねいずこくりつこうえん》

地形《ちけい》もけいをつくってみよう

３年《ねん》１組《くみ》のみんながくらす松波市《まつなみし》の南山《みなみやま》の等高線《とうこうせん》をなぞって、立体的《りったいてき》な地形《ちけい》もけいをつくってみます。順番《じゅんばん》につくり方《かた》をしょうかいするので、みんなも身近《みぢか》な山《やま》や有名《ゆうめい》な山《やま》でちょうせんしてみましょう。

おべんとうやおそうざいパックの透明《とうめい》なフタを使《つか》って、等高線《とうこうせん》をかいてみよう。
フタ１まいに１本《ぽん》の等高線《とうこうせん》をかいて重《かさ》ねると立体的《りったいてき》に見えてくるよ。

① じゅんびするものは等高《とうこう》線《せん》がかかれた地図《ちず》、おべんとうパックのフタ５～６まい、セロハンテープ、油性《ゆせい》ペンです。

② 下絵《したえ》になる地図《ちず》をフタの大《おお》きさに切《き》りとります。ここでは、松波市《まつなみし》の南山《みなみやま》の部分《ぶぶん》を使《つか》います。

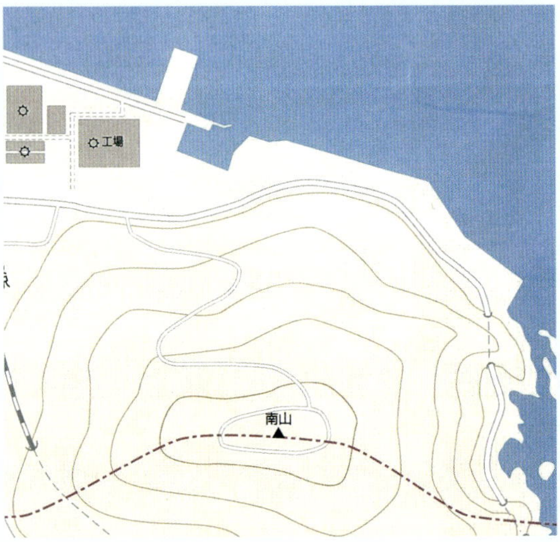
工場
南山

③ 地図《ちず》を切《き》りとったらセロハンテープを使《つか》ってフタのうらにはります。

④ 等高線《とうこうせん》をなぞっていきます。小《ちい》さめの本《ほん》をフタの下《した》に置《お》いて、こていさせるとかきやすくなります。

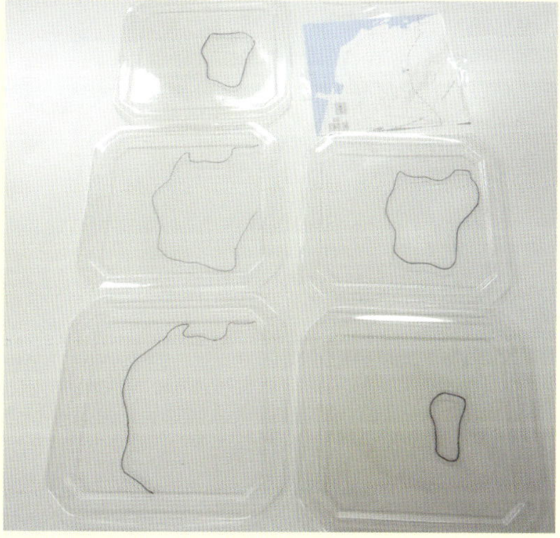

⑤ １まいのフタに、１本《ぽん》の等高線《とうこうせん》をかいていきます。南山《みなみやま》には、等高《とうこう》線《せん》は５本《ほん》ありました。

⑥ このようにすべてかき終《お》えたら、それを順番《じゅんばん》に重《かさ》ねていきます。今《こん》回《かい》は、海《うみ》の部《ぶ》分《ぶん》を青《あお》くぬってみました。

ストロー

⑦ フタとフタの間《あいだ》にストローやわりばしをはさんでみると、より立体《りったい》感《かん》がでます。

山《やま》の特《とく》ちょうが、よくわかりますね。みんなは、じょうずにつくることができたかな。

地図《ちず》の縮尺《しゅくしゃく》について知《し》ろう

1万分《まんぶん》の1

0　500メートル

大《おお》きな縮尺《しゅくしゃく》の地図《ちず》です。建物《たてもの》の形《かたち》や名前《なまえ》がくわしく地図《ちず》に表《あらわ》され、細《ほそ》い道路《どうろ》までよくわかります。

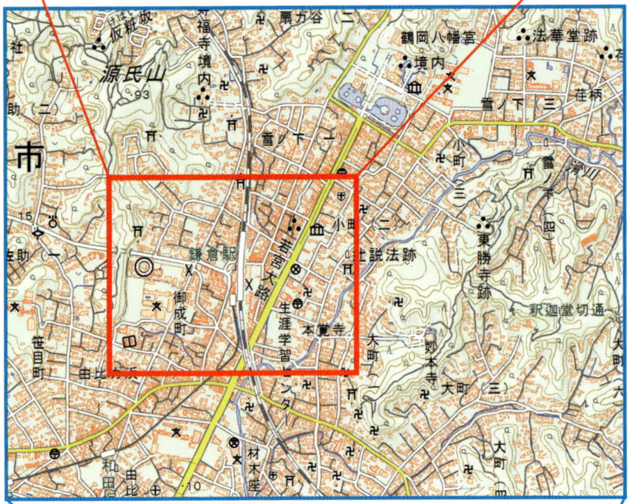

2万《まん》5千分《せんぶん》の1

0　500　1000メートル

1万分《まんぶん》の1より、同《おな》じ大《おお》きさの紙《かみ》で、より広《ひろ》い地域《ちいき》を見《み》ることができます。文字《もじ》は少《すく》なく記号《きごう》が多《おお》くなりました。

20万分《まんぶん》の1

0　10キロメートル

文字《もじ》も道路《どうろ》も、かなりはぶかれています。鎌倉市《かまくらし》のぜんぶが入《はい》って、江《え》の島《しま》までわかるようになりました。

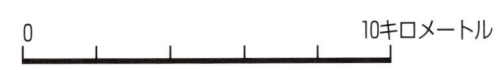

地図《ちず》は、実《じっ》さいの土地《とち》などのようすをかぎられた大《おお》きさの中《なか》で表《あらわ》すために、ちぢめて表《ひょう》げんしています。これを縮尺《しゅくしゃく》といいます。左《ひだり》ページの地図《ちず》をよく見《み》てみましょう。鎌倉駅《かまくらえき》を中心《ちゅうしん》にした地図《ちず》ですが、同《おな》じ面積《めんせき》でもえがかれるはんいがちがうことがわかります。

1万分《まんぶん》の1の地図《ちず》はせまいはんいしか表《あらわ》せませんが、駅《えき》や建物《たてもの》が大《おお》きくて、くわしくわかります。

2万《まん》5千分《せんぶん》の1の地図《ちず》はもっと広《ひろ》いはんいを見《み》ることができます。駅《えき》や建物《たてもの》は小《ちい》さくなっていますが、おもな建物《たてもの》やしせつには地図記号《ちずきごう》が使《つか》われていて、見《み》やすいようにくふうされています。

一番下《いちばんした》は、20万分《まんぶん》の1の地図《ちず》です。同《おな》じ大《おお》きさで鎌倉市《かまくらし》の全体《ぜんたい》を見《み》ることができます。

これらの他《ほか》にも、地図《ちず》には2,500分《ぶん》の1、50万分《まんぶん》の1などさまざまな縮尺《しゅくしゃく》があります。地図《ちず》をどんな目的《もくてき》で使《つか》うのかによって、利用《りよう》する地図《ちず》の縮《しゅく》尺《しゃく》が決《き》まってきます。

1万分《まんぶん》の1の地図《ちず》の1センチメートルは、実《じっ》さいの距離《きょり》では1万倍《まんばい》なので100メートルになります（1万《まん》センチメートル＝100メートル）。2万《まん》5千分《せんぶん》の1では250メートル、20万分《まんぶん》の1では2キロメートルです。

下《した》の地図《ちず》ではさくら小学校《しょうがっこう》から松波駅《まつなみえき》までの距離《きょり》のはかり方《かた》をしめしました。直線《ちょくせん》ではコンパスを使《つか》ってはかることができます（①）。もし曲《ま》がりくねっていても、糸《いと》を使《つか》えばかんたんにはかることができます（②）。

① コンパスで距離《きょり》をはかる

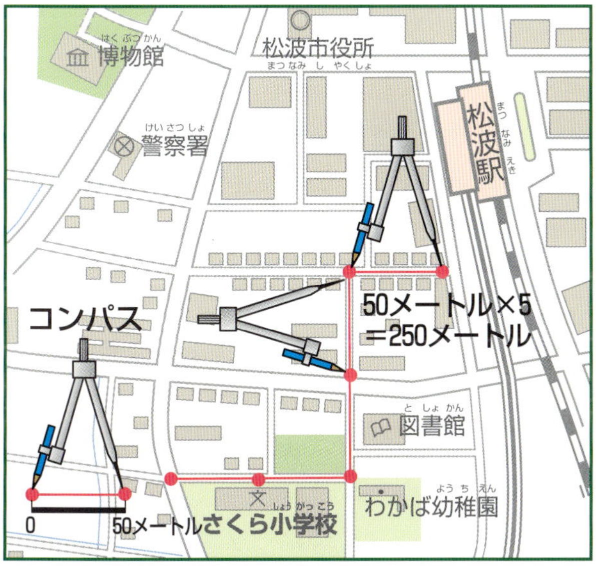

② 糸《いと》で距離《きょり》をはかる

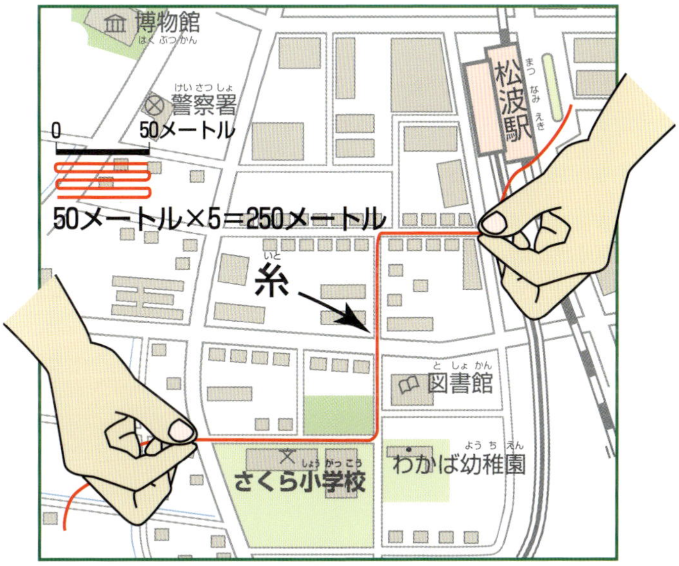

4 まちのようすとまちの地図《ちず》

地《ち》いきの特《とく》ちょうを見《み》てみよう

農村《のうそん》・漁村《ぎょそん》地《ち》いき

まちの郊外《こうがい》に広《ひろ》がっている田《た》畑《はた》や森林《しんりん》、そして海《うみ》には漁船《ぎょせん》がとまっているね。

港湾《こうわん》・工業《こうぎょう》地《ち》いき

山《やま》から流《なが》れてくる川《かわ》のとちゅうにダムがあり、工場《こうじょう》はうめ立《た》て地《ち》に集《あつ》まっているんだ。

住宅《じゅうたく》地いき

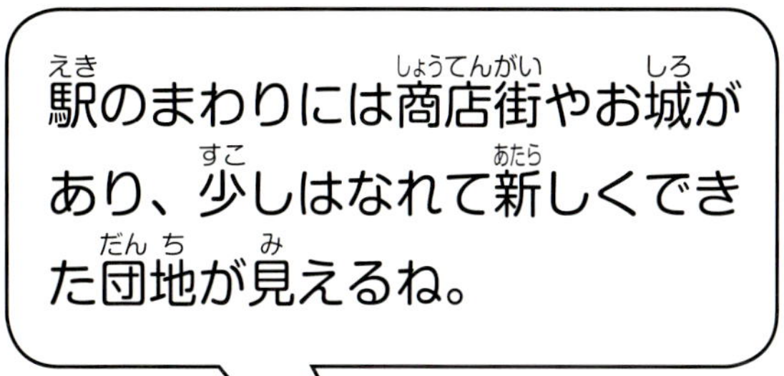
駅《えき》のまわりには商店街《しょうてんがい》やお城《しろ》があり、少《すこ》しはなれて新《あたら》しくできた団地《だんち》が見《み》えるね。

都心《としん》・業《ぎょう》む地いき

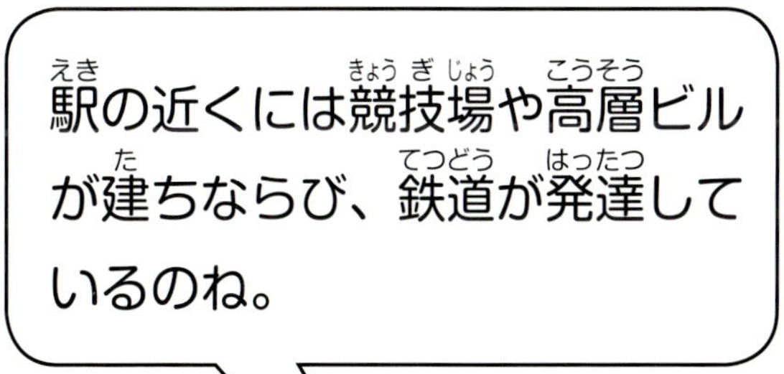
駅《えき》の近くには競技場《きょうぎじょう》や高層《こうそう》ビルが建《た》ちならび、鉄道《てつどう》が発達《はったつ》しているのね。

みんなの住《す》んでいる地《ち》いきはどんな特《とく》ちょうがありますか。緑《みどり》がゆたかな地《ち》いき、工場《こうじょう》が多《おお》い地《ち》いき、たくさんの人《ひと》が住《す》んでいる地《ち》いき、たくさんの人《ひと》が集《あつ》まる地《ち》いき、というように地《ち》いきにはいろいろな特《とく》ちょうがあります。

地図《ちず》からまちの特《とく》ちょうを知《し》ろう

これは松波市《まつなみし》の地図《ちず》です。港《みなと》、工場《こうじょう》、田畑《たはた》、住宅地《じゅうたくち》など、地《ち》いきごとの特《とく》ちょうが地図《ちず》からもよくわかります。そして松波駅《まつなみえき》のまわりは市役所《しやくしょ》や商店街《しょうてんがい》などが集《あつ》まり、中心地《ちゅうしんち》になっていることがわかります。

まちのまわりを見《み》てみよう

梅林町《うめばやしまち》

面積《めんせき》が広《ひろ》く、自然《しぜん》が豊《ゆた》かな町《まち》です。農業《のうぎょう》がさかんで、自然《しぜん》を生《い》かした動物園《どうぶつえん》や森林公園《しんりんこうえん》があります。

梅林駅《うめばやしえき》
梅林町役場《うめばやしまちやくば》
梅林動物園《うめばやしどうぶつえん》
動物園前駅《どうぶつえんまええき》
松波川《まつなみがわ》
森林公園《しんりんこうえん》
見晴《みは》らし温泉《おんせん》
北山《きたやま》
城山《しろやま》
私鉄線《してつせん》
松波空港《まつなみくうこう》
高速道路《こうそくどうろ》
バイパス
工業団地《こうぎょうだんち》
丘《おか》の上遊園《うえゆうえん》
遊園前駅《ゆうえんまええき》
西山《にしやま》
松波《まつなみ》インターチェンジ
JR線《ジェイアールせん》
地下鉄竹山駅《ちかてつたけやまえき》
竹山駅《たけやまえき》
中央公園《ちゅうおうこうえん》
竹山中央駅《たけやまちゅうおうえき》
竹山湖《たけやまこ》
野球場《やきゅうじょう》

竹山市《たけやまし》

多《おお》くの鉄道《てつどう》が乗《の》り入《い》れている人口《じんこう》の多《おお》い都市《とし》です。通勤《つうきん》、通学《つうがく》、買《か》い物客《ものきゃく》でいつもにぎわっています。

杉野駅《すぎのえき》
杉野町役場《すぎのまちやくば》
杉野城址《すぎのじょうし》
杉野町《すぎのまち》
松波湾《まつなみわん》に面《めん》した町《まち》で、漁港《ぎょこう》がありま
す。おもなしせつは海《うみ》からはなれた
城跡《しろあと》のまわりに集《あつ》まっています。
松ケ浦温泉《まつがうらおんせん》
松ケ浦海水浴場《まつがうらかいすいよくじょう》
水族館《すいぞくかん》
松崎《まつざき》
杉野漁港《すぎのぎょこう》
動公園《どうこうえん》
松波市役所《まつなみしやくしょ》
松波駅《まつなみえき》
松波港《まつなみこう》
北《きた》
西《にし》
東《ひがし》
南《みなみ》
松波湾《まつなみわん》
JR《ジェイアール》線《せん》
松波市《まつなみし》
松波川《まつなみかわ》
けやき台《だい》ニュータウン
けやき台駅《だいえき》
けやき坂駅《ざかえき》
モノレール
南山《みなみやま》
東竹山駅《ひがしたけやまえき》

松波市《まつなみし》をかこんでいる市《し》と町《まち》です。北《きた》にあるのは杉野町《すぎのまち》です。松波湾《まつなみわん》に面《めん》していて漁港《ぎょこう》があり、水《みず》あげされた魚《さかな》は松波市《まつなみし》のスーパーにもならびます。南《みなみ》にある竹山市《たけやまし》は松波市《まつなみし》より人口《じんこう》が多《おお》く、松波市《まつなみし》からも多《おお》くの人《ひと》が会社《かいしゃ》や工《こう》場《じょう》、そして学校《がっこう》へ通《かよ》っています。西《にし》にある梅林町《うめばやしまち》とは鉄道《てつどう》では直《ちょく》せつつながっていませんが、休日《きゅうじつ》には松波市《まつなみし》からたくさんの人が動物園《どうぶつえん》や遊園地《ゆうえんち》などに出《で》かけて行《い》きます。

5 統計《とうけい》をグラフや地図《ちず》にする

ぼうグラフとグループ分《わ》け地図《ちず》をつくる

お米《こめ》の生産量《せいさんりょう》をぼうグラフにする

①	米《こめ》の生産量《せいさんりょう》(トン)	
	全国《ぜんこく》	8,439,000
1位《い》	新潟県《にいがたけん》	656,900
2位《い》	北海道《ほっかいどう》	640,500
3位《い》	秋田県《あきたけん》	546,500
4位《い》	山形県《やまがたけん》	423,000
5位《い》	茨城県《いばらきけん》	412,000
6位《い》	宮城県《みやぎけん》	397,400
7位《い》	福島県《ふくしまけん》	381,900
8位《い》	栃木県《とちぎけん》	344,700
9位《い》	千葉県《ちばけん》	336,000
10位《い》	岩手県《いわてけん》	309,100
11位《い》	青森県《あおもりけん》	296,500
12位《い》	富山県《とやまけん》	213,700
13位《い》	長野県《ながのけん》	202,400

② 米《こめ》の生産量《せいさんりょう》

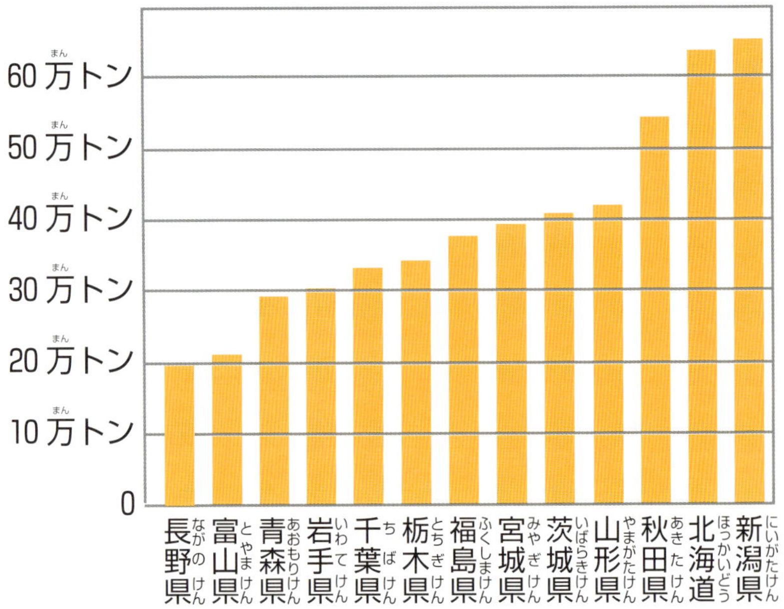

私《わたし》たちがよく利用《りよう》しているもののひとつに統計《とうけい》があります。テレビや新聞《しんぶん》などでもよく使《つか》われています。もちろんこの本《ほん》でも利用《りよう》していきます。ではその統計《とうけい》とはなんでしょうか。簡単《かんたん》に説明《せつめい》すれば、ある数《かず》の集《あつ》まりを加工《かこう》してまとめたものといえるでしょう。

統計《とうけい》は、グラフにしたり地図《ちず》にすることで、さらに見《み》やすくわかりやすくなります。

それでは上《うえ》の図《ず》を見《み》てみましょう。まず①は、全国《ぜんこく》で一年間《いちねんかん》にとれたお米《こめ》を都道府県別《とどうふけんべつ》に表《あらわ》した統計資料《とうけいしりょう》の一部《いちぶ》です。生産量《せいさんりょう》が多《おお》い順《じゅん》に 47 都道府県《とどうふけん》のうちの第《だい》 13 位《い》までをならべてみました。ただ数字《すうじ》をならべただけでは比《ひ》かくがしづらいのではないでしょうか。

そこで②のようにぼうグラフをつくってみました。グラフは 10 万《まん》トンずつに区切《くぎ》って横線《よこせん》が引《ひ》かれています。これで生産量《せいさんりょう》が何十万《なんじゅうまん》トン以上《いじょう》あるのかが一目《ひとめ》でわかるようになりました。たとえば 60 万《まん》トンをこえているのが新潟県《にいがたけん》と北海道《ほっかいどう》だけということがかくにんできます。また 3 位《い》の秋田県《あきたけん》と 4 位《い》の山形県《やまがたけん》では生産量《せいさんりょう》に大《おお》きな差《さ》があることもわかります。

都道府県《とどうふけん》でグループ分《わ》けする

③	米《こめ》の生産量《せいさんりょう》（トン）		グループ
	全国《ぜんこく》	8,439,000	——
1位《い》	新潟県《にいがたけん》	656,900	第《だい》1グループ
2位《い》	北海道《ほっかいどう》	640,500	
3位《い》	秋田県《あきたけん》	546,500	
4位《い》	山形県《やまがたけん》	423,000	第《だい》2グループ
5位《い》	茨城県《いばらきけん》	412,000	
6位《い》	宮城県《みやぎけん》	397,400	第《だい》3グループ
7位《い》	福島県《ふくしまけん》	381,900	
8位《い》	栃木県《とちぎけん》	344,700	
9位《い》	千葉県《ちばけん》	336,000	
10位《い》	岩手県《いわてけん》	309,100	
11位《い》	青森県《あおもりけん》	296,500	第《だい》4グループ
12位《い》	富山県《とやまけん》	213,700	
13位《い》	長野県《ながのけん》	202,400	

つぎに①の表《ひょう》にもどってグループ分《わ》けしてみましょう。今回《こんかい》は10万《まん》トンずつに区《く》切《ぎ》ってみます。そうすると20万《まん》トンから60万《まん》トンまで5つのグループができますが、50万《まん》トン以上《いじょう》60万《まん》トン以下《いか》のグループは秋田県《あきたけん》だけになりますので、秋田県《あきたけん》を40万《まん》トン以上《いじょう》のグループか60万《まん》トン以《い》上《じょう》のグループのどちらかにふくめることにしましょう。生産量《せいさんりょう》の差《さ》でみると、2位《い》の北海道《ほっかいどう》とは9万《まん》4000トン差《さ》ですが、4位《い》の山形県《やまがたけん》とは12万《まん》3500トンも差《さ》があります。そこで秋田県《あきたけん》は生産量《せいさんりょう》の差《さ》が少《すく》ない北海道《ほっかいどう》といっしょに第《だい》1グループに分《わ》けることにしました。

グループの色《いろ》で地図《ちず》をぬり分《わ》ける

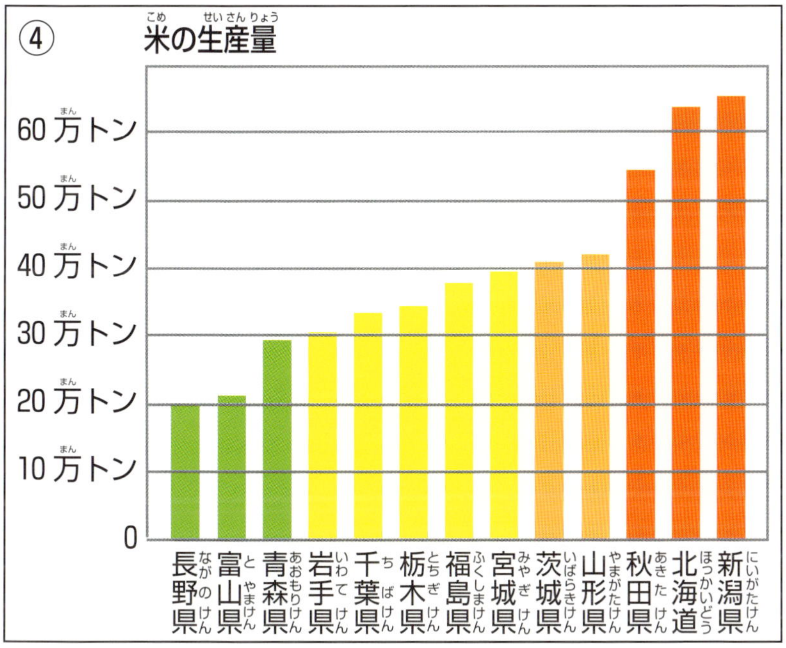
④
米《こめ》の生産量《せいさんりょう》
60万《まん》トン
50万《まん》トン
40万《まん》トン
30万《まん》トン
20万《まん》トン
10万《まん》トン
0
長野県《ながのけん》
富山県《とやまけん》
青森県《あおもりけん》
岩手県《いわてけん》
千葉県《ちばけん》
栃木県《とちぎけん》
福島県《ふくしまけん》
宮城県《みやぎけん》
茨城県《いばらきけん》
山形県《やまがたけん》
秋田県《あきたけん》
北海道《ほっかいどう》
新潟県《にいがたけん》

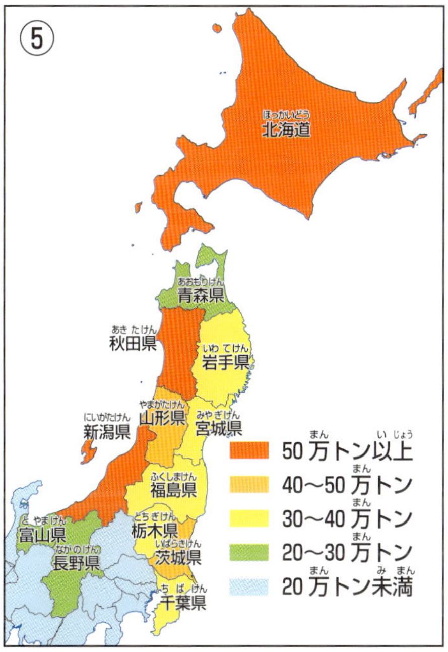
⑤
北海道《ほっかいどう》
青森県《あおもりけん》
秋田県《あきたけん》
岩手県《いわてけん》
山形県《やまがたけん》
新潟県《にいがたけん》
宮城県《みやぎけん》
福島県《ふくしまけん》
富山県《とやまけん》
栃木県《とちぎけん》
長野県《ながのけん》
茨城県《いばらきけん》
千葉県《ちばけん》
50万《まん》トン以上《いじょう》
40〜50万《まん》トン
30〜40万《まん》トン
20〜30万《まん》トン
20万《まん》トン未満《みまん》

そしてグループ分《わ》けした都道府県《とどうふけん》をグラフ（④）と地図《ちず》（⑤）で表《あらわ》しました。色《いろ》わけするとどの地いきで生産量《せいさんりょう》が多《おお》いのかひと目《め》でわかるようになります。

絵《え》グラフのつくり方《かた》と円《えん》グラフ

ももの生産量《せいさんりょう》を絵《え》グラフにする

① ももの生産量《せいさんりょう》（トン）		
	全国《ぜんこく》	137,000
1位《い》	山梨県《やまなしけん》	46,500
2位《い》	福島県《ふくしまけん》	29,300
3位《い》	長野県《ながのけん》	16,300
4位《い》	和歌山県《わかやまけん》	10,800
5位《い》	山形県《やまがたけん》	8,170
その他《た》	その他《た》	25,930

数字《すうじ》を絵《え》におきかえると、
わかりやすいね！

上《うえ》の表《ひょう》を絵《え》グラフにすると・・・

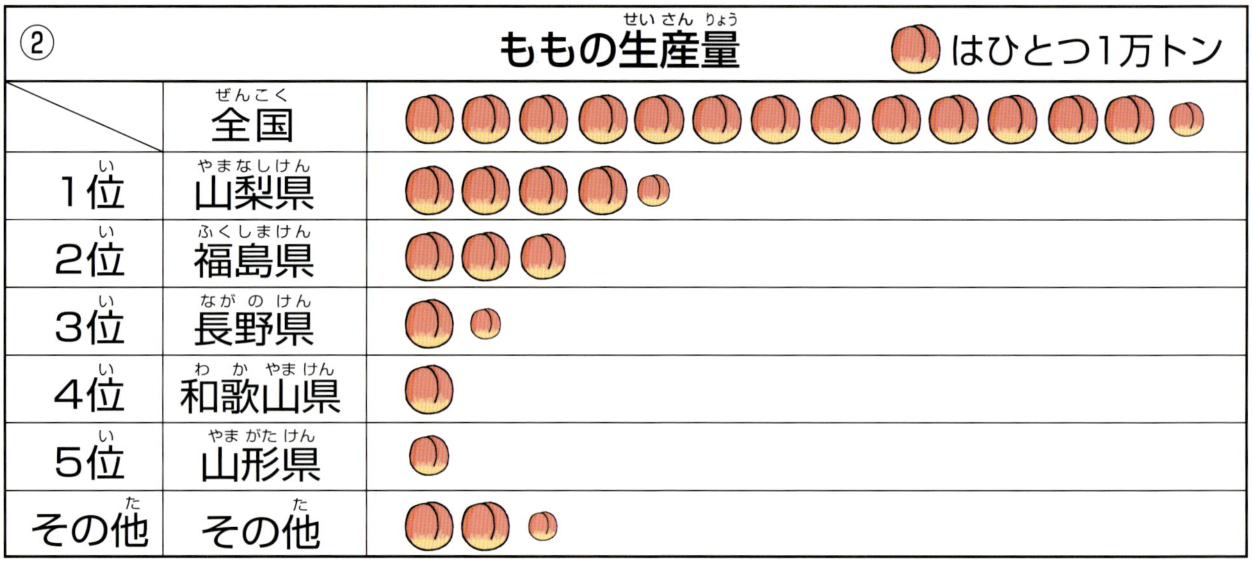
②
ももの生産量《せいさんりょう》
はひとつ1万トン
全国《ぜんこく》
1位《い》
山梨県《やまなしけん》
2位《い》
福島県《ふくしまけん》
3位《い》
長野県《ながのけん》
4位《い》
和歌山県《わかやまけん》
5位《い》
山形県《やまがたけん》
その他《た》
その他《た》

ももの生産量《せいさんりょう》の統計《とうけい》（①）があります。26 ページのお米《こめ》にくらべるととても少《すく》ない量《りょう》です。そのために都道府県別《とどうふけんべつ》に表《あらわ》すのは 5 位《い》までで、6 位《い》以《い》下《か》はまとめてその他《た》としています。

この生産量《せいさんりょう》を絵《え》グラフ（②）にしました。ももの絵《え》を使《つか》って生産量《せいさんりょう》を表《あらわ》します。大《おお》きなももはひとつ 1 万《まん》トンになります。小《ちい》さなももはそのわり合《あい》にしたがって小《ちい》さくなっています。たとえば 5000 トンだと半分《はんぶん》の大《おお》きさのももになるのです。1 位《い》の山梨県《やまなしけん》を見《み》てみましょう。大《おお》きなももが 4 つと小《ちい》さなももが 1 つあります。大《おお》きなもも 4 つで 4 万《まん》トン、小《ちい》さなももは半分《はんぶん》より大《おお》きな 6500 トンを表《あらわ》しています。

地図《ちず》で表《あらわ》してみよう

生産量《せいさんりょう》の多《おお》い５つの県《けん》の上《うえ》にももの絵《え》をおきました。山梨県《やまなしけん》と長野県《ながのけん》、山形県《やまがたけん》と福島県《ふくしまけん》がとなりあっているのがわかります。４つの県《けん》ともに水《みず》はけのよい内陸《ないりく》にある盆地《ぼんち》で、たくさん栽培《さいばい》されています。和歌山県《わかやまけん》は西日本《にしにほん》でいちばんの生産地《せいさんち》です。

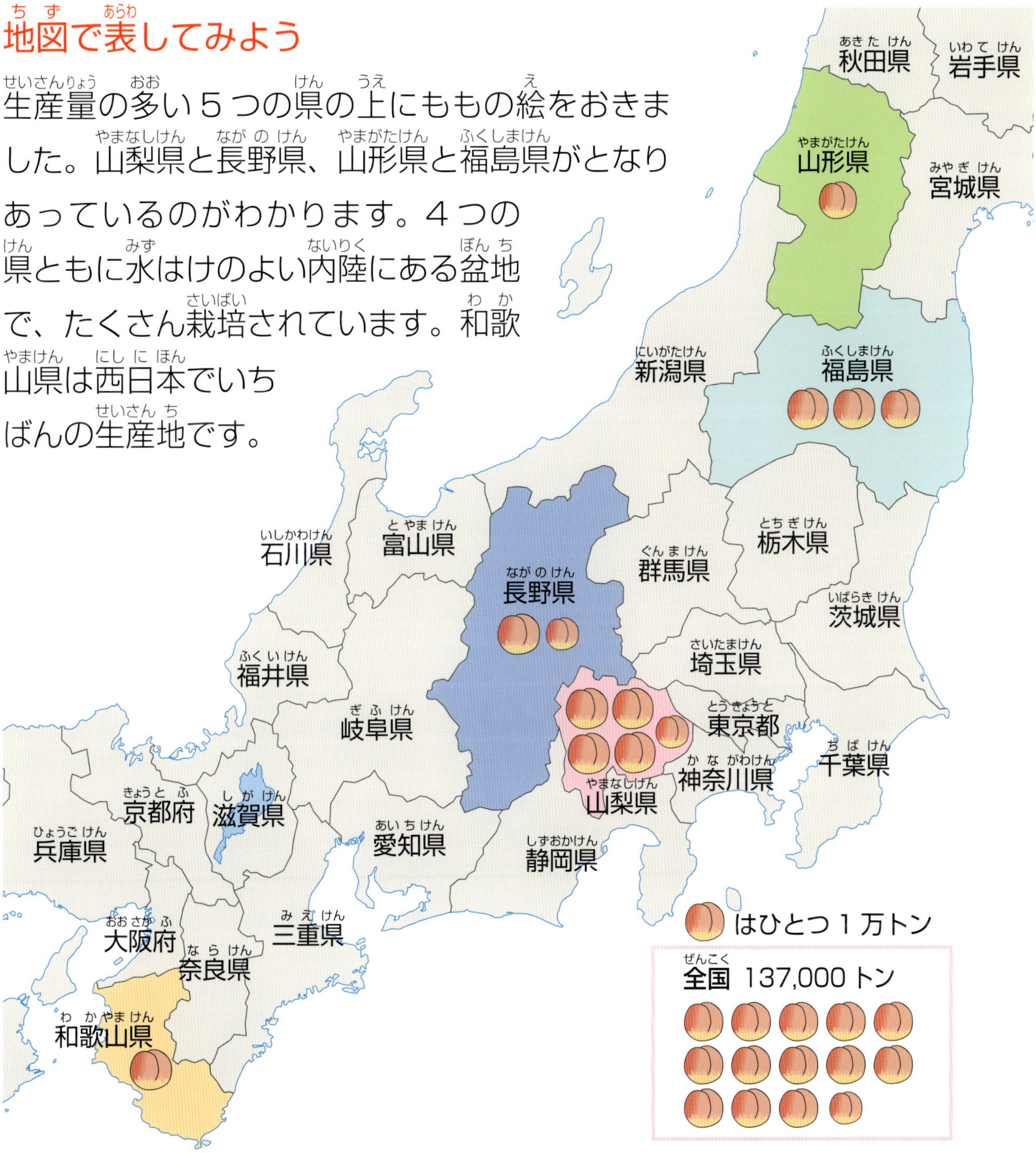
秋田県《あきたけん》
岩手県《いわてけん》
山形県《やまがたけん》
宮城県《みやぎけん》
新潟県《にいがたけん》
福島県《ふくしまけん》
富山県《とやまけん》
石川県《いしかわけん》
長野県《ながのけん》
群馬県《ぐんまけん》
栃木県《とちぎけん》
茨城県《いばらきけん》
埼玉県《さいたまけん》
福井県《ふくいけん》
岐阜県《ぎふけん》
東京都《とうきょうと》
千葉県《ちばけん》
神奈川県《かながわけん》
山梨県《やまなしけん》
京都府《きょうとふ》
滋賀県《しがけん》
兵庫県《ひょうごけん》
愛知県《あいちけん》
静岡県《しずおかけん》
三重県《みえけん》
大阪府《おおさかふ》
奈良県《ならけん》
和歌山県《わかやまけん》
はひとつ１万トン
全国《ぜんこく》 137,000 トン

円《えん》グラフで表《あらわ》す

円《えん》グラフは５年生《ねんせい》になってから算数《さんすう》でくわしく習《なら》うグラフです。360度《ど》で100パーセントを表《あらわ》します。そして時計《とけい》の０時のところから時計《とけい》まわりに、多《おお》い都道府県《とどうふけん》からくぎっていきます。それぞれの都道府県《とどうふけん》の生産量《せいさんりょう》のわり合《あい》がひと目《め》でわかり、これもとてもわかりやすいグラフです。

2014年生産量《ねんせいさんりょう》
137,000トン

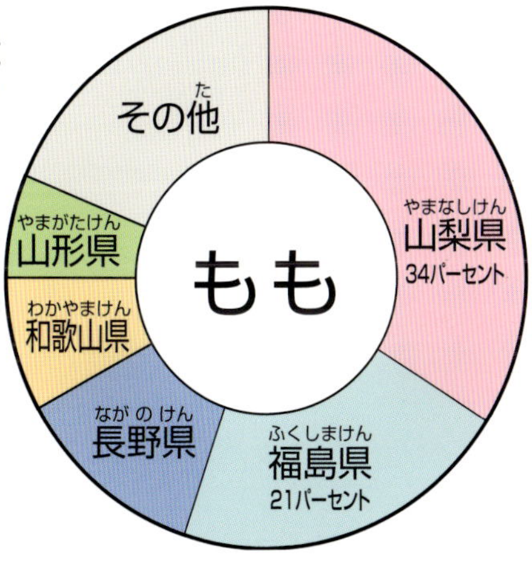
もも
山梨県《やまなしけん》
34パーセント
福島県《ふくしまけん》
21パーセント
長野県《ながのけん》
和歌山県《わかやまけん》
山形県《やまがたけん》
その他《た》

6 まちで見《み》かけるさまざまな地《ち》図《ず》

出口《でぐち》や場所《ばしょ》を知《し》らせる案内図《あんないず》

地下《ちか》と地上《ちじょう》の案内図《あんないず》

駅前《えきまえ》にある案内図《あんないず》です。左《ひだり》の地図《ちず》は地下《ちか》から地上《ちじょう》への出口《でぐち》を知《し》らせています。上《うえ》の地図《ちず》は地上《ちじょう》にある地図《ちず》です。どちらも駅《えき》の周辺《しゅうへん》を案内《あんない》しています。

バスのり場《ば》案内図《あんないず》

上《うえ》のふたつの地図《ちず》は、駅前《えきまえ》にあるバスのり場《ば》を案内《あんない》している地図《ちず》です。左《ひだり》の図《ず》は、バスターミナルやバス停《てい》の位置《いち》がわかるようになっています。右《みぎ》の図《ず》は、行先《いきさき》や路線《ろせん》がのっています。

観光案内《かんこうあんない》図《ず》

観光地《かんこうち》には、観光《かんこう》する人《ひと》たちのために案内図《あんないず》が用意《ようい》されています。

イラストが入《はい》ったり、写真《しゃしん》が入《はい》ったりしてくふうをこらした地図《ちず》になっています。ながめているだけでも、楽《たの》しいですね。

観光案内《かんこうあんない》の地図《ちず》にはほかにも、食《た》べ歩《ある》きマップのようなお店《みせ》をたくさんのせた地図《ちず》や、公園《こうえん》や遊園地《ゆうえんち》、動物園《どうぶつえん》の中《なか》を案内《あんない》している地図《ちず》もあります。

みんなの住《す》んでいるまちやそのまわりには、有名《ゆうめい》な観光地《かんこうち》があるでしょうか。

身近《みぢか》にあれば、どんな案内図《あんないず》があるか調《しら》べてみましょう。

そのほかの案内図《あんないず》

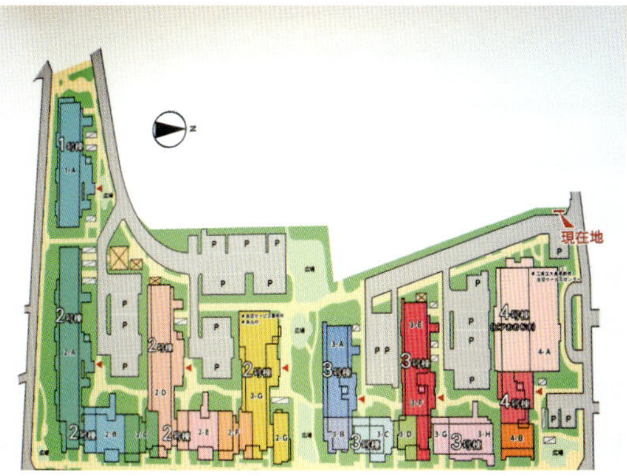

ここでしょうかいした地図《ちず》は、ごく一部《いちぶ》の地図《ちず》です。まだまだまちを歩《ある》けばたくさんの案内図《あんないず》に出会《であ》うことができます。

町内会《ちょうないかい》の地図《ちず》、団地《だんち》の地図《ちず》（右《みぎ》の写真《しゃしん》）、駐車場《ちゅうしゃじょう》の場所《ばしょ》を案内《あんない》した地図《ちず》、さらにさい害《がい》が発生《はっせい》したときにひなんする場所《ばしょ》をしめした地図《ちず》もあります。授業《じゅぎょう》でまちたんけんをするときには、どこにどんな地図《ちず》がおいてあるのかも、ぜひかくにんしてみましょう。

形《かたち》を変《か》えてわかりやすく表現《ひょうげん》した路線図《ろせんず》

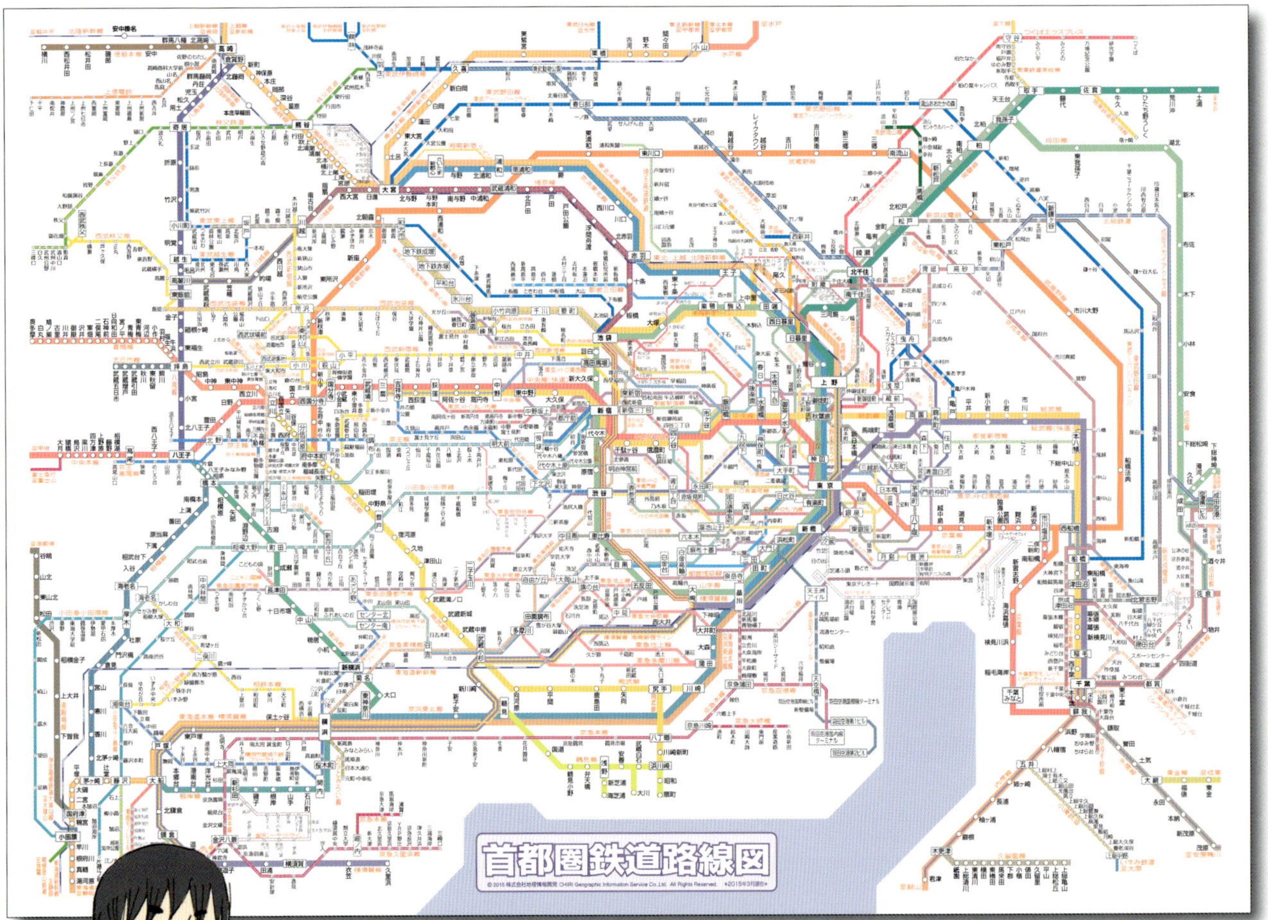
首都圏鉄道路線図

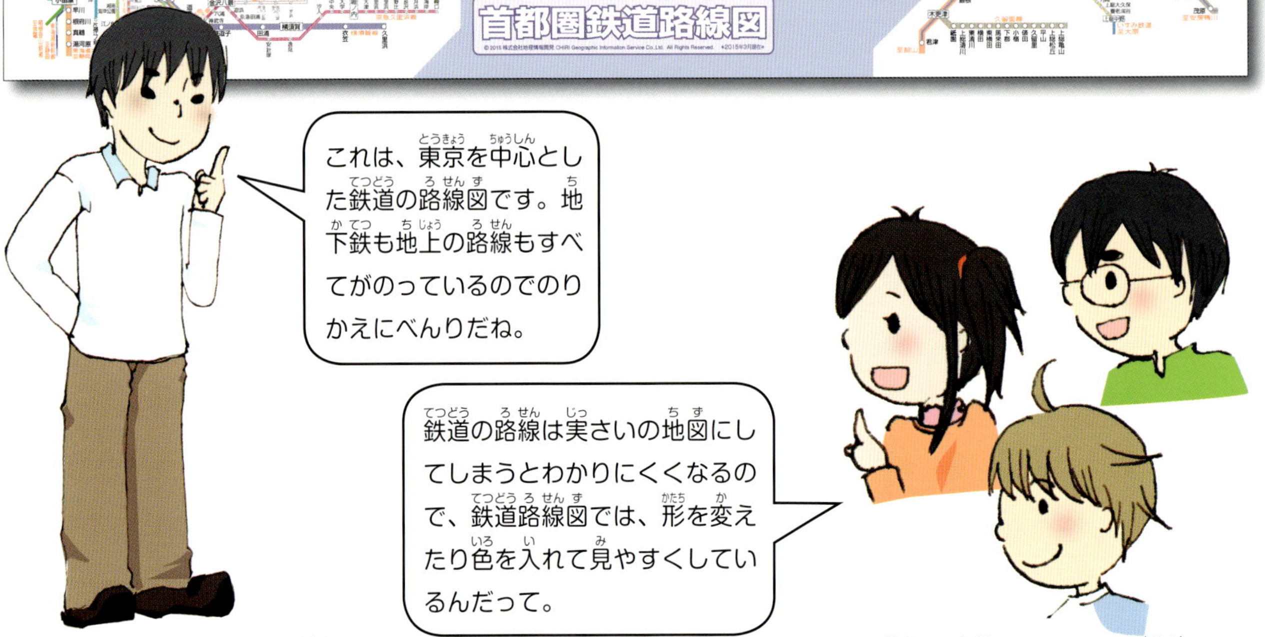
これは、東京《とうきょう》を中心《ちゅうしん》とした鉄道《てつどう》の路線図《ろせんず》です。地《ち》下鉄《かてつ》も地上《ちじょう》の路線《ろせん》もすべてがのっているのでのりかえにべんりだね。
鉄道《てつどう》の路線《ろせん》は実《じっ》さいの地図《ちず》にしてしまうとわかりにくくなるので、鉄道路線図《てつどうろせんず》では、形《かたち》を変《か》えたり色《いろ》を入《い》れて見《み》やすくしているんだって。

駅《えき》には路線図《ろせんず》が必《かなら》ずあります。でもわかるのはその駅《えき》を通《とお》っている会社《かいしゃ》の路線《ろせん》と、その路線《ろせん》につながっている路線《ろせん》だけのことが多《おお》いのです。ＪＲ《ジェイアール》、私《し》鉄《てつ》、地下鉄《ちかてつ》、都営《とえい》や市営《しえい》など鉄道会社《てつどうがいしゃ》はたくさんあります。そうした全部《ぜんぶ》の鉄道《てつどう》をわかりやすく地図《ちず》にしたのが上《うえ》の路線図《ろせんず》です。鉄道《てつどう》を使《つか》うときにはとてもべんりな地図《ちず》になっています。

■監修者紹介

加藤哲三（かとう・てつぞう）

横浜国立大学教育学部卒。神奈川県教育委員会指導主事、小田原市立曽我小学校校長、真鶴町立まなづる小学校校長、神奈川県教育局足柄下教育事務所長を歴任。「神奈川県アトラス」（平凡社）、真鶴町小学校副読本「まなづる」等を執筆・編集。

小林みゆき（こばやし・みゆき）

横浜国立大学教育学部卒。前横浜市立矢上小学校校長。横浜市立小学校教員として市社会科研究会に所属し、副読本「わたしたちの横浜」の区版作成に当たる。その後、市家庭科研究会に所属し、教育課程研究委員、横浜版学習指導要領指導資料策定委員、研究会長を歴任。

■編集・製作

株式会社地理情報開発

企画調整：鹿志村 博

地図製作：萩原康之、前島 学、伊藤賢之輔、萩原和子

デザイン・DTP：廣田晴俊、前島 学、篠崎 透

イラスト：加藤美和

■写真提供

今野泰則、鹿志村 博

■協　　力

株式会社ニシムラ精密地形模型、株式会社ムネプロ、坪井麻子

地図《ちず》から「よのなか」を見《み》てみよう！ ①

わたしのまちが好《す》きになる、47 都道府県《とどうふけん》がよくわかる

わくわく！ 自分《じぶん》で地図《ちず》をつくっちゃおう

2015 年 11 月 2 日　初版第 1 刷発行

監修者　加藤哲三　小林みゆき

発行者　木内洋育

発行所　株式会社旬報社

〒 112-0015 東京都文京区目白台 2-14-13

TEL.03-3943-9911 FAX.03-3943-8396

ホームページ　http://www.junposha.com/

印　刷　シナノ印刷株式会社

製　本　株式会社ハッコー製本

ISBN978-4-8451-1418-4 NDC291

この地図の作成にあたっては、国土地理院長の承認を得て、同院発行の 100 万分 1 日本及び 50 万分 1 地方図を使用した。（承認番号　平 27 情使、 第 304 号）

まちを空《そら》からながめてみると・・・

住宅地《じゅうたくち》いきのようす

駅《えき》の周辺《しゅうへん》には高《たか》いビルが少《すく》なく、道路《どうろ》も曲《ま》がりくねっています。お城《しろ》のまわりは公園《こうえん》としてせいびされています。駅《えき》から近《ちか》いところにはこじんの住宅《じゅうたく》がたくさんあって、はなれた地《ち》いきには団地《だんち》がならんでいます。

団地《だんち》は新《あたら》しくできたのでまわりの道《どう》路《ろ》は広《ひろ》くてまっすぐだね。

駅《えき》の北《きた》がわは静《しず》かな住宅地《じゅうたくち》で学校《がっこう》や図書館《としょかん》も集《あつ》まっているよ。